Robert Horsfield

Liste d'une Partie des Peintures, des Diamants, de Porcellaine, et des Horloges

Provenantes de la succession de Son Altesse Serenissime Electorale de

Cologne

Robert Horsfield

Liste d'une Partie des Peintures, des Diamants, de Porcellaine, et des Horloges
Provenantes de la succession de Son Altesse Serenissime Electorale de Cologne

ISBN/EAN: 9783337517120

Printed in Europe, USA, Canada, Australia, Japan

Cover: Foto ©ninafisch / pixelio.de

More available books at **www.hansebooks.com**

L I S T E

D'une PARTIE

DES PEINTURES,

DES DIAMANTS,

DE PORCELLAINE,

ET

DES HORLOGES,

Provenantes de la Succeffion de fon Alteffe
Sereniffime Electorale de *Cologne*, de très-
glorieufe Memoire, qu'on a Intention de ven-
dre publiquement à *Bonn*, le *Lundi* 14 *Mai*
1764, & Jours fuivants.

Dans le cas, où l'on ne voudroit point attendre le
Terme fixé pour la Vente, & qu'on aimeroit
mieux aquerir quelqu'une des Pieçes contenues dans
la Lifte, on pourra s'addreffer à Meffeigneurs les
Executeurs Teftamentaires de feu S. A. S. E., où
on offre de faire voir les Pieçes, qu'on demandera,
& de faire connoître le Prix, auquel on eft refoud
de les relâcher.

D'une Partie des Peintures provenantes de la Succeſſion de ſon Alteſſe Sereniſſime Electorale de *Cologne*, de très-glorieuſe Memoire.

1. & 2. DEUX grands Tableaux de ſeize pieds d'Allemagne de longueur, & cinq pieds quatre pouces de hauteur, repréſentants en beaux Païſages des Chaſſes & Chateaux de plaiſir du Roi de France Louis Quatorze, peints par le fameux peintre van der Meulen.

3. & 4. Deux Tableaux ſept pieds de longueur, & cinq pieds ſix pouces de hauteur, repréſentants diverſes Venaiſons, des Volailles mortes, peintes en leurs grandeurs naturelles par Jacob Vermœlen, peintre de Rome.

5. & 6. Deux Tableaux huit pouces de longueur, & cinq pieds neuf pouces de hauteur, repréſentants l'un la Chaſſe du Cerf, l'autre la Chaſſe du Sanglier en leurs grandeurs naturelles, peintes par Franç. Schneirs.

7. & 8. Deux Tableaux deux pieds quatre pouces de longueur, & un pied neuf pouces de hauteur ; dont l'un repréſente un Garçon dormant, l'autre un Garçon & une jeune Fille en demi figure de grandeur naturelle avec une ſouriciere, peints par Piazetta.

9. & 10. Deux Tableaux deux pieds ſix pouces de longueur, & deux pieds de hauteur ; l'un repréſentant la Chaſſe du Cerf, & l'autre celle des Ours, peints par Schild.

11. & 12. Deux Tableaux de deux pieds un pouce de longueur, & d'un pied un pouce de hauteur, repréſentants une Bataille, & Campement, peints par Bourguignon

13. Un Tableau de ſept pieds trois pouces de longueur, & cinq pieds de hauteur, repréſentant la Vierge avec l'Enfant Jeſus entouré d'une guirlande des fleurs ſoutenuës par ſept Anges, dont les figures ſont peintes par Verrelt, & les fleurs par P. Leghers.

14. & 15. Deux vieilles Têtes en ſquiſe d'un pied ſix pouces de hauteur, & d'un pied deux pouces de largeur, peintes par Joſeph Nogaren.

16. & 17. Deux Tableaux de deux pieds ſix pouces de longuer, & d'un pied dix pouces de hauteur, dont l'un repréſente des Poiſſons & un Chat, l'autre de la Volaille morte, peintes par J. Funck.

A 2

18. Un

18. Un Païfage repréfentant des Nymphes aux bains, peint par Corneille Bodenburg.

19. Un Païfage de deux pieds huit pouces de largeur, & deux pieds de hauteur, avec des figures & chevaux, peints par P. Wovermans.

20. & 21. Deux Païfages avec des figures de quatre pieds fix pouces de hauteur, & trois pieds deux pouces de largeur, d'un Maître inconnû.

22. Un grand Païfage fans figures de huit pieds fix pouces de hauteur, & huit pieds quatre pouces de largeur, peint par le vieux van der Néer.

23. & 24. Deux Tableaux d'un pied deux pouces de largeur, & d'onze pouces de hauteur, dont l'un repréfente de la Cavallerie devant une auberge, l'autre un pillage des Païfans, peints de l'Ecole de Teniers.

25. & 26. Deux Païfages avec beaucoup de figures d'un pied de largeur, & neuf pouces de hauteur, peints par van Opftar.

27. Un Tableau de quatre pieds deux pouces de hauteur, & trois pieds quatre pouces de largeur, repréfentant la Vierge avec l'Enfant Jefus en demi figure de grandeur naturelle, peint par Cafpar Netfcher.

28. Un Tableau de cinq pieds fix pouces de hauteur, & fept pieds de largeur, repréfentant Jefus Chrift allant à Emaus, avec quelques uns de fes Difciples en figures de grandeur naturelle, peint par Ant. Pommeranci.

29. & 30. Deux têtes riantes d'un pied de hauteur, & d'un pied de largeur, par François Hals.

31. Un Tableau de deux pieds dix pouces de largeur, & de deux pieds un pouce de hauteur, repréfentant les dedans d'une maifon de Païfans, peint dans le gout de Henri Pool.

32. Un Tableau de deux pieds fix pouces de largeur, & d'un pied huit pouces de hauteur, repréfentant le Sabat des Sorcieres, peint de l'Ecole de Teniers.

33. & 34. Deux Tableaux de quatre pieds fept pouces de largeur, & trois pieds quatre pouces de hauteur, l'un repréfentant l'interieur du Vatican de St. Pierre à Rome, l'autre l'inondation de la Place de Navona, enrichis de figures, peintes par Jean Paul Panini à Rome.

35. & 36. Deux Pieçes fur Pierre de Touche d'un pied de hauteur, & dix pouces de largeur, l'une repréfente Jefus Chrift avec St. Pierre le penitent, peintes par Abraham Diepenbeck.

37. Un Païfage Hollandois avec des figures de deux pieds huit pouces de largeur, & d'un pied dix pouces de hauteur, peint par Philippe de l'Ormié.

38. Un

38. Un Tableau repréfentant la St. Marguerite, peint par le Chevalier van der Werff.

39. Un Tableau d'un pied huit pouces de hauteur, & d'un pied quatre pouces de largeur, repréfentant un Cabinet de Philofophie, peint par Thomas Weyck.

40. Un Tableau d'un pied deux pouces de largeur, d'onze pouces de hauteur, repréfentant Adonis deploré par Venus & Cupidon, peint par Alexandre Veronefe.

41. On Païfage d'une pied quatre pouces de largeur, d'un pied de hauteur, repréfentant la Tranquillité en Egypte en figures de plufieurs petits Enfants, peints par Corneille Poilenburg.

42. & 43. Deux Tableaux de deux pieds quatre pouces de largeur, d'un pied fix pouces de hauteur, repréfentant l'un Jefus Chrift portant la Croix enrichi de figures, l'autre le Crucifiement de J. Chrift, également enrichi de figures, peintes d'un Maitre inconnû.

44. Un Tableau d'un pied dix pouces de hauteur, d'un pied trois pouces de largeur, repréfentant St. Jean Baptifte au Defert, peint par Francefco Mola.

45. Un Tableau d'un pied dix pouces de hauteur, d'un pied quatre pouces de largeur, repréfentant l'Affomption de la Vierge, peinte par Nicolo Berretoni.

46. Un Tableau de deux pieds de largeur, d'un pied fix pouces de hauteur, repréfentant une Sainte Martyre, peinte par Bramer.

47. Un Tableau de deux pieds de largeur, d'un pied fix pouces de hauteur, repréfentant un Sacrifice Payen, peint par Bramer.

48. Un Tableau d'un pied dix pouces de hauteur, d'un pied fix pouces de largeur, repréfentant la tête d'un Vieillard en fa grandeur naturellé, peinte par Abraham Blœmart.

49. Un Portrait d'un pied fix pouces de hauteur, d'un pied trois pouces de largeur, repréfentant la tête d'un jeune homme en grandeur naturelle, peinte par Backer.

50. Un Tableau à Fruits & Huitres de deux pieds deux pouces de largeur, d'un pied fept pouces de hauteur, peint par Pierre Willebeck.

51. Un Tableau de deux pieds de hauteur, d'un pied huit pouces de largeur, repréfentant un Bœuf tué & fufpendú, peint par Breckelenkam.

52. Un Tableau de deux pieds quatre pouces de largeur, d'un pied fix pouces de hauteur, repréfentant quelques Efpagnols affemblés, peint par Wydenhoff.

53. Un dito par Rubens.

54. Un Tableau de deux pieds deux pouces de largeur, d'un

pied

pied trois pouces de hauteur, repréſentant la Chaſſe du Heron, peint par Wovermans.

55. Un Païſage de deux pieds un pouce de largeur, d'un pied ſix pouces de hauteur, repréſentant des Bergers avec leurs Troupeaux, peints par d'Artoas.

56. Un beau Païſage de trois pieds de hauteur, quatre pieds deux pouces de largeur, peint par Aſcheling, les figures & les animaux par Tennier.

57. Un Païſage en Figures & Animaux de trois pieds neuf pouces de largeur, deux pieds neuf pouces de hauteur, peint par Heuyſmans.

58. Un Tableau de deux pieds deux pouces de largeur, d'un pied quatre pouces de hauteur, repréſentant des Chaſſeurs ſur un Chariot.

59. Un Païſage repréſentant la Chaſſe forcée de deux pieds deux pouces de largeur, d'un pied quatre pouces de hauteur, peint par Pierre Berchem.

60. Un Portrait d'un Prince de Naſſau, d'un pied ſix pouces de hauteur, d'un pied deux pouces de largeur, peint par Netſcher.

61. Un Païſage avec des Cerfs, d'un pied neuf pouces de largeur, d'un pied trois pouces de hauteur, par Winckenbaum.

62. Un Tableau de cinq pieds dix pouces de largeur, quatre pieds deux pouces de hauteur, repréſentant diverſes Paons & autre Volaille, peint par Melchior Hondekoeter.

63. Un Tableau de deux Faucons de deux pieds trois pouces de hauteur, & d'un pied dix pouces de largeur, peint par Fyt.

64. Un Païſage avec des Brebis d'un pied onze douces de hauteur, & d'un pied ſept pouces de longueur, peint par van der Does.

65. Un Tableau avec diverſes Volailles de ſix pieds de largeur, & quatre pieds de hauteur, peint par Gilles de Hundekoeter.

66. Un grand Païſage avec des Figures de quatre pieds ſix pouces de hauteur, & cinq pieds ſix pouces de largeur, peint par Dav. Winckenbaum.

67. Un grand Tableau à Fruits de quatre pieds ſix pouces de hauteur, & trois pieds neuf pouces de largeur, peint par Jean de Heem.

68. Un Tableau de quatre pieds ſix pouces de hauteur, & trois pieds ſix pouces de largeur, répréſentant un grand Prêtre & des Scribes, peint par Eckhoelt.

69. Un Tableu répréſentant la Judith avec la tête d'Holoferne, enrichi de beaucoup de figures, de trois pieds de largeur, & deux pieds de hauteur, peint par le Jeune Frank.

70. & 71. Deux Tableaux de Bataille de deux pieds trois pouces

pouces de largeur, & d'un pied six pouces de hauteur, peints par Pierre Wovermans.

72. Un Tableau de deux pieds deux pouces de largeur, & d'un pied dix pouces de hauteur, repréfentant la Vierge avec des Anges, peint par Pefchay dans le goût de van Dyck.

73. Un dito d'un pied dix pouces de largeur, & d'un pied cinq pouces de hauteur, peint par Pefchay dans le goût de van Balen.

74. Un Tableau repréfentant la Tête d'un Homme d'un pied six pouces de hauteur, & d'un pied trois pouces de largeur, peint par Tennier.

75. & 76. Deux Portraits de Dames d'un pied neuf pouces de hauteur, & d'un pied trois pouces de largeur, peints par un peintre François.

77. Un Tableau de deux pieds deux pouces de largeur, & deux pieds de hauteur, repréfentant deux Enfants en demi figure de grandeur naturelle, peint par François Hals.

78. Un Tableau à Fruits & Vafes de deux pieds trois pouces de hauteur, & d'un pied dix pouces de largeur, peint dans le premier goût de Heem.

79. Un Tableau de deux pieds trois pouces de hauteur, & d'un pied six pouces de largeur, repréfentant un Garçon riant à demi figure de grandeur naturelle, peint par François Hals.

80. Un Tableau de deux pieds trois pouces de hauteur, & d'un pied dix pouces de largeur, repréfentant un Soldat à demi figure de grandeur naturelle, par Rembrand.

81. Un grand Tableau de six pieds de largeur, & quatre pieds six pouces de hauteur, repréfentant Vanité du Monde à demi figure de grandeur naturelle, peint par Andriffens.

82. Un Tableau de diverfes Venaifons en grandeur naturelle de quatre pieds dix pouces de largeur, trois pieds neuf pouces de hauteur, peint par Londoni, peintre de Milan. *Son Compagnon est N. 148.*

83. Un Tableau de diverfes Venaifons & un Chien en fa grandeur naturelle de cinq pieds de largeur, quatre pieds de hauteur, peint par Fyt.

84. Un Tableau à Fruits & Vafes de quatre pieds quatre pouces de hauteur, trois pieds huit pouces de largeur, peint par Kalff. *Son Compagnon est le N. 163.*

85. &. 86. Deux Tableaux repréfentans la Mer d'un pied six pouces de largeur, onze pouces de hauteur, peints par differents Maitres.

87. La Vierge douloureufe d'un pied huit pouces de largeur, d'un pied deux pouces de hauteur, peinte par Douwen.

88. Un

88. Un Tableau d'un pied dix pouces de largeur, d'un pied trois pouces de hauteur, repréfentant deux corps morts deplorés par un Roi, peint par Bramer.

89. Un Tableau de trois pieds quatre pouces de hauteur, deux pieds huit pouces de largeur, repréfentant un Chien chaffant un Oifeau dans l'Eau, peint par Schild. *Son Compagnon eft le N. 103.*

90. Un Tableau de deux pieds huit pouces de hauteur, deux pieds deux pouces de largeur, repréfentant un Roi fur le Thrône donnant Audience à un'Ambaffadeur, peint en meilleur goût de Duet.

91. Un Tableau à Fruits & Vafes de quatre pieds deux pouces de largeur, trois pieds de hauteur, peint en goût de Heem.

92. Un Tableau répréfentant un Lievre vuidé en grandeur naturelle.

93. & 94. Deux Tableaux, repréfentants l'un le Portrait de Jofeph Nogara, l'autre celui d'une Femme en demi figure de grandeur naturelle, peints par lui même.

95. & 96. Deux Tableaux de cinq pieds de largeur, trois pieds dix pouces de hauteur, repréfentants l'un diverfes Volailles, l'autre la Chaffe du Sanglier, peints par Londoni, peintre de Milan.

97. & 98. Deux têtes de Garçon en demi figure de grandeur naturelle de deux pieds de hauteur, un pied cinq pouces de largeur, peints par Diego Vellafquetz.

99. & 100. Deux Tableaux imitants le Sapin, de trois pieds de hauteur, deux pieds fix pouces de largeur ; dont l'un repréfente un Païfage, l'autre un Portrait.

101. Un Païfage avec plufieurs Oyfeaux & Infectes en grandeurs naturelles de fix pieds trois pouces de longueur, cinq pieds de hauteur, peint dans le goût de Schneyers.

102. Un Tableau de fix pieds de largeur, quatre neuf pouces de hauteur, repréfentant une Outarde & diverfe autre Venaifon en grandeur naturelle, peint par Hondekoeter.

103. Un Tableau de trois pieds quatre pouces de hauteur, deux pieds neuf pouces de longueur, repréfentant un Chien & de la Venaifon morte, peint par Schild. *Son Compagnon eft le N. 89.*

104. Un Tableau de deux pieds dix pouces de hauteur, deux pieds cinq pouces de largeur, repréfentant Marc-Antoine & Cleopatre à table, peint par Francken.

105. Une Marine de trois pieds dix pouces de largeur, deux pieds huit pouces de hauteur, peinte par Jean de Capile.

106. Une tête peinte par Rembrand, d'un pied dix pouces de hauteur, d'un pied quatre pouces de largeur.

3

107. Une

107. Une Marine enrichie de figures de quatre pieds trois pouces de largeur, trois pieds de hauteur, peinte par Vliegher.

108. Un Tableau repréfentant la Chaffe du Sanglier en grandeur naturelle de fix pieds huit pouces de largeur, cinq pieds neuf pouces de hauteur, peint de l'École de Schneyers.

109. Un Tableau de fix pieds neuf pouces de largeur, quatre pieds neuf pouces de hauteur, repréfentant un Chevreüil autres Venaifons & Chiens en grandeurs naturelles, peint par Vyt.

110. Un Tableau de fept pieds de largeur, cinq pieds de hauteur, repréfentant trois Aigles devorans un Chevreüil, peint par Fyt.

111. Un Tableau de fept pieds trois pouces de largeur, cinq pieds fix pouces de hauteur, repréfentant un Chevreüil, des Liévres & de la Volaille en grandeur naturelle, par Fyt.

112. & 113. Deux Tableaux avec des Poiffons de quatre pieds neuf pouces de largeur, trois pieds neuf pouces de hauteur, par Londoni.

114. Un Tableau de cinq pieds de hauteur, trois pieds de largeur, repréfentant le Chrift au Prétoire devant Pilate, peint par Rembrand.

115. & 116. Deux Tableaux de deux pieds de hauteur, d'un pied fix pouces de largeur, repréfentant l'un la tête d'un Vieillard, l'autre celle d'un Vieille, peints par Morillivo.

117. Un grand Païfage peint par Vorft, de fept pieds deux pouces de largeur, quatre pieds neuf pouces de hauteur.

118. Un Tableau de fix pieds de largeur, quatre pieds deux pouces de hauteur, repréfentant le Suaire de Jefus-Chrift avec cinq Anges pleurants, peint par Amiconi.

119. Un Tableau de quatre pieds fix pouces de hauteur, quatre pieds de largeur, repréfentant diverfe Venaifon en grandeur naturelle, & des fruits & des fleurs, peint par Schneyers.

120. Un Tableau de quatre pieds deux pouces de hauteur, quatre pieds de largeur, repréfentant un Belier & des Chardons, peint par van der Does.

121. & 122. Deux Tableaux de trois pieds fept pouces de largeur, deux pieds fept pouces de hauteur, repréfentants les deux Chateaux de plaifance de Fontainebleau & de Chantilly artiftement travaillés en jonc.

123. & 124. Deux Ifles de Mer d'une main inconnüe de trois pieds quatre pouces de largeur, d'un pied trois pouces de hauteur.

125. Un Portrait en Paftel peint par Vivien de deux pieds neuf pouces de hauteur, deux pieds deux pouces de largeur.

126. & 127. Deux demi figures, l'une repréfentant la Deéſſe Flore, l'autre une Mafcarade de deux pieds de hauteur, d'un pied huit pouces de largeur.

128. 129. 130. & 131. Les quatres Saiſons à demi figures de grandeur naturelle de deux pieds de hauteur, d'un pied cinq pouces de largeur, peintes par Roſalba Carera.

132. Le Portrait de Vivien à demi figure de grandeur naturelle, peint par lui-même, deux pieds neuf pouces de hauteur, deux pieds deux pouces de largeur.

133. & 134. Deux Tableaux de deux pieds ſix pouces de hauteur, deux pieds trois pouces de largeur, l'un repréfentant le Portrait de Roſalba Carera, à demi figure de grandeur naturelle, l'autre celui d'une Peintre, peints par elle-même.

135. Un Portrait d'un jeune Coureur, de deux pieds de hauteur, & un pied ſix pouces de largeur.

136. & 137. Le Portrait du fameux Bonnevall, avec celui d'une vieille en buſte de grandeur naturelle, d'un pied ſept pouces de hauteur, d'un pied trois pouces de largeur, peints par Liotard.

138. & 139. Deux Portraits, l'un d'une Demoiſelle, l'autre d'un jeune Homme, en buſte de grandeur naturelle d'un pied ſept pouces de hauteur, d'un pied trois pouces de largeur, peints par un peintre François.

140. & 141. Deux Tableaux en buſte, l'un repréfentant la Deéſſe Flore, l'autre la Muſique en grandeur naturelle d'un pied ſix pouces de hauteur, d'un pied trois pouces de largeur.

142. & 143. Deux Tableaux en buſte repréfentant deux Turcs avec leurs Turbans d'un pied ſix pouces de hauteur, d'un pied trois pouces de largeur.

144. Un Portrait d'une Dame à demi figure de grandeur naturelle, peint par Vivien, de deux pieds dix pouces de hauteur, deux pieds trois pouces de largeur

145. Un Tableau repréfentant la Vierge d'un pied deux pouces de hauteur, d'onze pouces de largeur.

146. & 147. Deux Tableaux repréſentants de la Volaille, cinq pieds de hauteur, trois pieds dix pouces de largeur, peints par Londoni.

148. Un Tableau repréfentant la Chaſſe du Renard quatre pieds dix pouces de largeur, trois pieds neuf pouces de hauteur. Son Compagnon eſt le N. 82.

149. Un Garçon en grandeur naturelle un bâton en main, d'un pied ſix pouces de hauteur, d'un pied trois pouces de largeur, peint par Piazetta.

150. Un

150. Un Garçon tenant en main une lunette d'approche, en grandeur naturelle, deux pieds de hauteur, d'un pied six pouces de largeur, peint par Morillios.

151. Un grand Tableau de six pieds huit pouces de largeur, cinq pieds de hauteur, représentant un Paon & autre Volaille en grandeur naturelle, peint par Gilles de Hondekœter.

152. Un Tableau de sept pieds cinq pouces de largeur, cinq pieds de hauteur, représentant divers Coqs & Poules en grandeur naturelle, peintes par Melchior de Hondekœter.

153. & 154. Deux Tableau de deux pieds dix pouces de largeur, deux pieds trois pouces de hauteur, représentants l'un de la Venaison & des Fruits, l'autre des Cygnes & des Chiens d'un Peintre inconnû.

155. & 156. Deux Tableaux représentants des Liévres & autre Venaison en grandeur naturelle, de trois pieds trois pouces de hauteur, deux pieds neuf pouces de largeur, peints par le vieux Hamilton.

157. & 158. Deux Païsages, avec des figures, peintes par Beich de Munique, trois pieds neuf pouces de largeur, trois pieds deux pouces de hauteur.

159. & 160. Deux Tableaux de trois pieds de largeur, deux pieds quatre pouces de hauteur, représentants l'un deux Oiseaux d'Eau, l'autre un Chat & de la Venaison, peints par Schild.

161. Un Tableau de cinq pieds de largeur, trois pieds dix pouces de hauteur, représentant divers Pigeons dans leurs Nids.

162. Un Tableau de trois pieds huit pouces de largeur, deux pieds sept pouces de hauteur, représentant un Liévre & autre Venaison en grandeur naturelle, peint par Fyt.

163. Un Tableau à Fruits & Vases, peint par Kalff, de quatre pieds quatre pouces de hauteur, trois pieds huit pouces de largeur. *Son Compagnon le N. 84.*

164. Un Tableau représentant diverse Venaison en grandeur naturelle de trois pieds sept pouces de hauteur, trois pieds de largeur, peint par Joanes.

165. Un Tableau représentant une Fosse de Lion, peinte par Rubens, deux pieds sept pouces de largeur, d'un pied six pouces de hauteur.

166. Un Tableau six pieds de largeur, cinq pieds six pouces de hauteur, représentant divers Oiseaux des Indes, des Singes & Chats en grandeur naturelle, peint par Schneiers.

167 Un Tableau d'Equipage de Chasse, marqué B. F. cinq pieds quatre pouces de hauteur, trois pieds six pouces de largeur.

168. Un

168. Un Tableau de trois pieds six pouces de hauteur, deux pieds neuf pouces de largeur, repréfentant un Suiffe jouant du lut, peint par Gerard Honthort.

169. Un grand Tableau de divers Oifeaux, Animaux & Fruits, de fept pieds trois pouces de largeur, dix pieds de hauteur, peint par Gilles de Hondekœter.

170. Un grand Tableau de fix pieds de largeur, & quatre pieds un pouce de hauteur, repréfentant la Reine Semiramis, à demi figure de grandeur naturelle, donnant Audience à un Ambaffadeur, peint par Kottfchiers.

171. Un grand Tableau de divers Oifeaux d'Eau & Faucons en grandeur naturelle, de huit pieds de largeur, cinq pieds neuf pouces de hauteur, peint par un Peintre inconnû.

172. Un Tableau de cinq pieds fix pouces de largeur, quatre pieds de hauteur, repréfentant plufieurs Bergers à une Fontaine, peint par Potgieffer.

173. Un Tableau de cinq pieds fept pouces de largeur, quatre pieds fix pouces de hauteur, repréfentant un Heron pris par les Faucons, peint par Fyt.

174. Un Tableau repréfentant un Paon, & autre Volaille en grandeur naturelle, fept pieds trois pouces de largeur, cinq pieds quatre pouces de hauteur, peint par Fyt.

175. Un Tableau de cinq pieds de largeur, trois pied huit pouces de hauteur, repréfentant des Fiançailles, peint par Potgieffer.

176. & 177. Deux Tableaux de Volaille en grandeur naturelle, quatre pieds neuf pouces de hauteur, quatre pieds de largeur, peints par Melchior de Hondekœter.

178. Un Tableaux de Venaifon, & Chiens en grandeur naturelle, fept pieds de largeur, quatre pieds neuf pouces de hauteur, peint par Fyt.

179. Un Portrait à demi figure de grandeur naturelle, de deux pieds dix pouces de hauteur, deux pieds trois pouces de largeur, peint par Mirrefeld.

180. & 181. Deux Tableaux de fix pieds deux pouces de largeur, quatre pieds deux pouces de hauteur, repréfentants l'un la Chaffe du Sanglier, l'autre des Chiens fe mordants de grandeur naturelle, peints par Paul de Vos.

182. Un Tableau de trois pieds de hauteur, deux pieds quatre pouces de largeur, repréfentant un cheval, peint par Rubens.

183. & 184. Deux Tableaux repréfentants le monde renverfé de cinq pieds fix pouces de largeur, trois pieds deux pouces de hauteur, peints per un peintre Italien inconnû.

185. & 186. Deux tableaux de trois pieds de largeur, deux pieds quatre poucés de hauteur, repréfentant chacun un Faifan des Indes, peints par Schild.

187. Un Tableau repréfentant un Chien & deux Canards de trois pieds de largeur, deux pieds quatre pouces de hauteur, peint par Schild.

188. & 189. Deux Tableaux, l'un repréfentant des Becaffes, & l'autre des Canards de deux pieds neuf pouces de largeur, deux pieds trois pouces de hauteur, peints par Schild.

190. & 191. Deux Tableaux repréfentants des Canards de trois pieds de largeur, deux pieds quatre pouces de hauteur, peints par Schild.

192. & 193. Deux Tableaux, repréfentants l'un deux Fauçons, & l'autre un Oifeau d'Eau de trois pieds de largeur, deux pieds quatre pouces de hauteur, peints par Schild.

194. Un Tableau de quatre pieds fix pouces de largeur, trois pieds de hauteur, repréfentant un Chien blanc apportant un Canard, peint par Schild.

195. Un Tableau de deux petits Oifeaux, peint par Schild, de deux pieds de hauteur, d'un pied huit pouces de largeur.

196. Un Oifeau d'Eau mort, peint par Schild, de deux pieds de hauteur, d'un pied quatre pouces de largeur.

197. Trois petits Oifeaux, peints par Schild, d'un pied huit pouces de hauteur, d'un pied trois pouces de largeur.

198. Deux Oifeaux, peints par Schild, d'un pied fix pouces de largeur, d'un pied trois pouces de hauteur.

199. Une Branche de Noier, peinte par Schild, d'un pied cinq pouces de hauteur, d'un pied trois pouces de largeur.

200. Un Tableau de fept pieds trois pouces de largeur, quatre pieds dix pouces de hauteur, repréfentant diverfe Volaille, Viande, Poiffon & Fruit, avec des Chiens & Chats en grandeur naturelle, peint par Schneyers.

201. Un Tableau de divers Oifeaux en grandeur naturelle de dix pieds trois pouces de largeur, cinq pieds neuf pouces de hauteur, peint par Fyt.

202. Six Tableaux avec Têtes & Mains, d'un pied fix pouces de hautéur, d'un pied trois pouces le largeur, peints par Piazetta.

203. Un Tableau de huit pieds trois pouces de largeur, huit pieds de hauteur, repréfentant un Cerf & autre Venaifon en grandeur naturelle, peint par Schneyers.

204. Un Tableau de huit pieds neuf pouces de largeur, cinq pieds neuf pouces de hauteur, repréſentant deux Figures & diverſes Venaiſons, les Figures ſont peintes par Jaſpar de Crayer, & la Venaiſon par Schneyers.

205. Un Tableau de ſept pieds cinq pouces de largeur, cinq pieds quatre pouces de hauteur, repréſentant Tobie recuperant la Vuë en figure entiere, peint par van Vliet.

206. Un Portrait avec une Main à demi figure de grandeur naturelle de deux pieds trois pouces de hauteur, d'un pied neuf pouces de largeur, peint par Rubens.

207. & 208. Deux Portraits, l'un d'un Vieillard, l'autre d'une Vieille à demi figure de grandeur naturelle de deux pieds deux pouces de hauteur, d'un pied huit pouces de largeur, peint dans le premier goût de Denner.

209. & 210. Deux petits Païſages d'un Peintre inconnû, de dix pouces de largeur, huit pouces de hauteur.

211. & 212. Deux petits Païſages d'un pied quatre pouces de largeur, d'un pied de hauteur, l'un repréſentant des Animaux, l'autre des Oiſeaux, peints par Roland Saveri.

213. Un Païſage avec du Betail de quatre pieds trois pouces de largeur, trois pieds ſept pouces de hauteur, peint par Heuyſmans.

214. Un Païſage en Clair de Lune, avec des Figures & du Betâil, de quatre pieds deux pouces de largeur, trois pieds deux pouces de hauteur, peint par Bergheim.

215. & 216. Deux Tableaux, l'un avec une Ecreviſſe de Mer, & l'autre avec des Fruits & Viandes de cinq pieds neuf pouces de largeur, quatre pieds de hauteur, peints par Kalff.

217. & 218. Deux Tableaux, l'un repréſentant un Liévre & de la Volaille, & l'autre une Oye & de la Volaille en grandeur naturelle de quatre pieds quatre pouces de hauteur, trois pieds de largeur, peintes par Hamilton.

219. Un Païſage peint par Caſpar Puffing de trois pieds ſept pouces de largeur, deux pieds trois pouces de hauteur.

220. Un Païſage avec des petites Figures, peintes par Tenier, de trois pieds ſept pouces de largeur, deux pieds trois pouces de hauteur.

221. & 222. Deux Tableaux de quatre pieds quatre pouces de hauteur, trois pieds de largeur, l'un repréſentant un Renard & autre Venaiſon morte, l'autre un Héron & de la Venaiſon en grandeur naturelle, peints par Hamilton.

223. Un Tableau de quatre pieds deux pouces de largeur, deux pieds huit pouces de hauteur, repréſentant un Liévre

3 vre

vre mort & autre Venaison, avec Equipage de Chasse, peint par Fyt.

224. Un Tableau représentant trois Anes, peints par Teniers, de trois pieds sept pouces de largeur, deux pieds sept pouces de hauteur.

225. Un Tableau à Fruits & Vases, peints par le Vieux de Heem, de deux pieds dix pouces de hauteur, deux pieds quatre pouces de largeur.

226. Le Portrait de Reinbrand à demi figure de grandeur naturelle de deux pieds huit pouces de hauteur, deux pieds deux pouces de largeur.

227. Un Portrait en Oval d'un Prince à demi figure naturelle de dix pouces de hauteur, huit pouces de largeur, peint par Michel Mirreveld.

228. & 229. Deux Païsages avec des figures représentants la Nuit & le Jour, peints par Teniers, de neuf pouces de hauteur, sept pouces de largeur.

230. Un Portrait avec un Collet blanc en grandeur naturelle, d'un pied trois pouces de hauteur, d'un pied de largeur, peint par van der Eltz.

231. & 232. Deux Têtes, l'une d'un Homme, l'autre d'une Femme, peintes par P. Strick, de huit pouces de hauteur, sept pouces de largeur.

233. Un Tableau de trois pieds trois pouces de largeur, trois pieds deux pouces de hauteur, représentant St. Antoine Abbé, & Paul premier Eremite, peint par Tenier.

234. Un Païsage représentant une Nymphe de deux pieds dix pouces de hauteur, deux pieds dix pouces de largeur, peint par Corneille Pollenburg, & le Païsage par Gerings.

235. & 236. Deux petits Païsages, peints par de Heus, de dix pouces de largeur, huit pouces de hauteur.

237. & 238. Deux Portraits en Oval de trois pouces de hauteur, deux pouces & demi de largeur, peints par Derburg.

239. Un petit Tableau de huit pouces de largeur, six pouces de hauteur, représentent Pilate savant ses mains, peint par Adam van Oort.

240. Un Tableau représentant un Garçon & une Fille jouants avec un Chien de huit pieds de largeur, six pieds de hauteur, peint par Eglon van der Neer.

241. La Vierge à demi figure de grandeur naturelle d'un pied onze pouces de hauteur, d'un pied cinq pouces de largeur, peinte par Solimena.

242. & 243. Deux Tableaux, l'un à Fruits, l'autre à Fleurs, d'un pied huit pouces de hauteur, d'un pied quatre pouces de largeur, peints par Jean par Heusum. 244.

244. & 245. Deux Piécçes en Fleurs travaillées en Ta-
pifieric de deux pieds de hauteur, d'un pied sept pouces
de largeur.

246. Un Tableau d'un pied huit pouces de hauteur, d'un
pied trois pouces de largeur, repréfentant St. Sebaftien,
peint par Michel Rocca.

247. Un Vafe de Fleurs, peintes par Broghle de Fleur,
d'un pied cinq pouces de hauteur, d'un pied quatre pouces
de largeur.

248. Un Tableau en Oval de deux pouces de hauteur,
d'un pied huit pouces de largeur, repréfentant le Sauveur du Monde, peint par Ventura Salinbeni.

249. Une Tête avec une pelifle d'un pied neuf pouces de
hauteur, d'un pied trois pouces de largeur, de l'Ecole de
Reinbrand.

250. & 251. Deux Tableaux à Fruits, peints par de Heem,
d'un pied deux pouces de hauteur, & dix pouces de largeur.

252. La Vierge en Oval à demi figure de grandeur naturelle,
peinte par Saffo Ferrata, de deux pieds trois pouces de
hauteur, d'un pied neuf pouces de largeur.

253. La Tête d'un Ecce Homo, peinte par Albrecht Durer,
d'un pied trois pouces de hauteur, d'onze pouces de largeur.

254. Un Portrait d'une Dame en bufte avec un Plumage de
grandeur naturelle, peint par Reinbrand, d'un pied onze
pouces de hauteur, d'un pied deux pouces de largeur.

255. Une Païfanne en figure entiere d'un pied trois pouces
de hauteur, dix pouces de largeur, peinte par Jofeppi
Crefpi.

256. Un Tableau avec de la Venaifon & des Grenades de
quatre pieds trois pouces de largeur, trois pieds trois
pouces de hauteur, peint par Schild.

257. & 258. Deux Tableaux de Cuifine avec de la Venaifon & Volaille de cinq pieds de largeur, trois pieds
dix pouces de hauteur, peints par Londoni.

260. Un Tableau de trois pieds de largeur, deux pieds
cinq pouces de hauteur, repréfentant un Cerf pris par les
Chiens, peint par Ruthard.

261. & 262. Deux Tableaux de deux pieds de largeur,
d'un pied cinq pouces de hauteur, repréfentants des Perdrix & autre Volaille, peints par Fyt.

263. Un Tableau de deux pieds dix pouces de largeur, deux
pieds quatre pouces de hauteur, repréfentant le Menage
d'un Villageois, peint par Horremans. *Son Compagnon
eft le N. 328.*

264. Un

264. Un Tableau repréfentant une Hôtellerie de trois pieds un pouce de largeur, deux pieds dix pouces de hauteur, peint par Horremans.

265. Un Païfage avec des figures de trois pieds de largeur, deux pieds fix pouces de hauteur, peint par Francefco Myleet.

266. Une Tête, Ouvrage de la Savonerie, d'un pied cinq pouces de hauteur, d'un pied cinq pouces de largeur.

267. Portrait d'une Devote à demi figure de grandeur naturelle, de deux pieds fix pouces de hauteur, deux pied de largeur, peint par Pottgieffer.

268. & 269. Deux Garçons, l'un fumant du Tabac, l'autre tenant en main un Chandelier, avec la Chandelle éteinte; à demi figure de grandeur naturelle, de deux pieds de hauteur, d'un pied fix pouces de largeur, peints par Diego Vellafquez.

270. & 271. Deux Tableaux de deux pieds de hauteur, d'un pied cinq pouces de largeur, repréfentants un Homme fumant du Tabac, & une Femme cherchant fes pûces, à demi figure de grandeur naturelle, peints par Morillios.

272. & 273. Deux Tableaux de deux pieds cinq pouces de largeur, d'un pied dix pouces de hauteur, repréfentants l'un un Jambon, & divers autres Mets gras, l'autre des Mets maigres, peints par Breckelenkamp.

274. Un Tableau de trois pieds fept pouces de hauteur, deux pieds huit pouces de largeur, repréfentant un Faifan mort, peint par Fyt.

275. Un Tableau de trois pieds fept pouces de hauteur, deux pieds huit pouces de largeur, repréfentant un Loup dans la Trappe, en grandeur naturelle, peint par Rubens.

276. Un Tableau de deux pieds neuf pouces de largeur, deux pieds deux pouces de hauteur, repréfentant la Benediction de Jacob, peinte par Jacob Jordans.

277. Un Tableau de deux pieds neuf pouces de largeur, deux pieds deux pouces de hauteur, repréfentant le coucher du foleil avec des figures & du Betail, peint par Berghem.

278. Un Tableau à Fleurs de trois pieds de hauteur, deux pieds trois pouces de largeur, peint par P. Seeghers.

279. Un Tableau à Fleurs, Fruits & Oifeaux, de trois pieds trois pouces de largeur, deux pieds fix pouces de hauteur, peint par Abraham Mignon.

280. & 281. Deux Tableaux d'un pied dix pouces de hauteur, d'un pied trois pouces de largeur, repréfentants de la Volaille, peints par Bilzius.

282. Un Crucifix avec des Anges de fix pieds de hauteur,

C   quatre

quatre pieds deux pouces de largeur, peint de l'Ecole de Rubens.

283. Un Tableau repréfentant toute forte de Viande & Volaille de cinq pieds cinq pouces de largeur, quatre pieds quatre pouces de hauteur, peint par Hardy.

284. Un Païfage de diverfes Volailles en grandeur naturelle, de huit pieds fix pouces de largeur, cinq pieds quatre pouces de hauteur, peint par Melchior de Hondekoeter.

285. Un Tableau de huit pieds de largeur, cinq pieds neuf pouces de hauteur, repréfentant un Cygne fe mordant avec un Chien, un Paon & autre Volaille, en grandeur naturelle, peint par Fyt.

286. Les quatre Evangeliftes à demi figure de grandeur naturelle, trois pieds quatre pouces de hauteur, trois pieds quatre pouces de largeur, peints par Luca Giordano dans le goût de Spangaletto.

287. Un Tableau repréfentant St. Antoine au Defert avec un Porc, de trois pieds quatre pouces de largeur, deux pieds cinq pouces de hauteur, peint par Jean Lievens.

288. & 289. Deux Tableaux de Volaille, d'un pied onze pouces de hauteur, d'un pied fept pouces de largeur, peints par Fyt.

290. & 291. Deux Païfages enrichis de Figures de deux pieds quatre pouces de largeur, d'un pied fix pouces de hauteur, peints par Schovaerz.

292. Un Tableaux repréfentant un Bouquêt avec des Infectes de deux pieds trois pouces de hauteur, d'un pied neuf pouces de largeur, peint par Mignon.

293. Un Tableau de fix pieds de largeur, quatre pieds de hauteur, repréfentant plufieurs Coqs d'Inde & autre Volaille en grandeur naturelle, peint par Hondekoeter.

294. Un Tableau de fix pieds de largeur, quatre pieds de hauteur, repréfentant un Renard pris par les Chiens, en grandeur naturelle, peint par Fyt.

295. & 296. Deux Tableaux repréfentants des Vieilles avec des jeunes Filles à demi figure de grandeur naturelle, de deux pieds neuf pouces de hauteur, deux pieds trois pouces de largeur, peints par Bernard.

297. & 298. Deux Portraits, l'un d'un Homme, l'autre d'une Femme à demi figure de grandeur naturelle, de trois pieds fept pouces de hauteur, deux pieds fix pouces de largeur, peints par Hans Hollbein.

299. Un Tableau de deux pieds fept pouces de largeur, deux pieds de hauteur, repréfentant un Arfenal avec Armement & Soldat, peint par David Teniers.

300. Un Tableau repréfentant la Chaffe forcée, peint par

Philippe Wovermans, de deux pieds quatre pouces de largeur, d'un pied neuf pouces de hauteur.

301. & 302. Deux Tableaux de trois pieds quatre pouces de longueur, deux pieds trois pouces de hauteur, repréfentants l'un des Chiens, & l'autre des Peroquets, peints par un Peintre inconnû.

303. Un Tableau de fix pieds deux pouces de largeur, cinq pieds huit pouces de hauteur, repréfentant le Prophete Elie dormant fous un arbre, & un Ange lui apportant à manger, en figures entieres de grandeur naturelle, peint par Jean Lievens.

304. Un Païfage avec figures de fept pieds trois pouces de largeur, quatre pieds fix pouces de hauteur, peint par Paul Brill.

305. & 306. Deux Tableaux repréfentants des Oifeaux morts en grandeur naturelle, d'un pied onze pouces de hauteur, d'un pied cinq pouces de largeur, peints par Bilzius.

307. &. 308. Deux Tableaux de même efpece, d'un pied dix pouces de hauteur, d'un pied cinq pouces de largeur, peints par Bilzius.

309. & 310. Deux Tableaux repréfentants des Oifeaux morts d'un pied neuf pouces de hauteur, d'un pied quatre pouces de largeur, peints par Schild.

311. Un Tableau repréfentant un Oifeau mort en grandeur naturelle de deux pieds de hauteur, d'un pied quatre pouces de longueur, peint par Schild.

312. Un Tableau fur planche imitée repréfentant un Oifeau noir en grandeur naturelle, d'un pied fix pouces de hauteur, d'un pied deux pouces de largeur, peint par Schild.

313. Un Tableau repréfentant une Becaffe blanche morte en grandeur naturelle, d'un pied cinq pouces de hauteur, d'un pied d'un pouce de largeur, peint par Schild.

314. Un Tableau fur planche imitée repréfentant une Poule d'Eau morte en grandeur naturelle, d'un pied cinq pouces de hauteur, d'un pied d'un pouce de largeur, peint par Schild.

315. Un Tableau repréfentant de la Volaille en grandeur naturelle de huit pieds deux pouces de largeur, cinq pied huit pouces de hauteur, peint par Gilles de Hondckoeter.

316. Un Tableau de huit pieds de largeur, cinq pieds neuf pouces de hauteur, repréfentant un Renard emportant un perdreau, & un Aigle fur un Arbre, en grandeur naturelle, peint par Fyt.

317. Un Tableau repréfentant des Païfans, & autres figures de trois pieds fept pouces de largeur, deux pieds trois pouces de hauteur, peint par Ryeaert.

318. & 319. Deux Tableaux de deux pieds de hauteur, d'un pied neuf pouces de largeur, repréfentants une Affembléc de Paifans, peints de l'Ecole de Teniers.

320. & 321. Deux Tableaux repréfentants des Oifeaux morts de deux pieds trois pouces de hauteur, d'un pied huit pouces de largeur, peints par Bilzius.

322. Un Tableau de deux pieds trois pouces de hauteur,. deux pieds de largeur, repréfentant une Bergcrie avec des figures & du Betail, peint par Romain.

323. Un Tableau de deux pieds trois pouces de hauteur, deux pieds deux pouces de largeur, repréfentant un Pàturage avec des figures & vaches à lait, peint par Berchem.

324. Un Tableau de cinq pieds neuf pouces de largeur, quatre pieds trois pouces de hauteur, repréfentant des Brebis & Chevres, peint par Beldemacher.

325. Un Tableau repréfentant un Chevreüil mort en grandeur naturelle avec Equipage de Chaffe, cinq pieds neuf pouces de largeur, quatre pieds trois pouces de hauteur, peint par Fyt.

326. Un Pot à Fleurs & deux demis Figures de grandeur naturelle de cinq pieds fept pouces de hauteur, quatre pieds fept pouces de largeur, peint par van der Eltz.

327. Deux Singes & des Fruits de quatre pieds de largeur, trois pieds trois pouces de hauteur, peints par Schneyers.

328. Un Tableau repréfentant le Menage d'un Villageois de trois pieds de largeur, deux pieds quatre pouces de hauteur, peint par Horremans. *Son Compagnon eft le N.* 263.

329. Un Tableau de cinq pieds dix pouces de largeur, fur quatre pieds deux pouces de hauteur, repréfentant un grand Chien rongeant une rête de Bœuf, peint en grandeur naturelle par Fyt.

330. Un Tableau de trois pieds trois pouces de largeur, deux pieds neuf pouces de hauteur, repréfentant le retour de la Chaffe avec Chevaux & Chiens enrichi de figures, peint par Blomen.

331. Un Tableau à Fruits de deux pieds neuf pouces de largeur, deux pieds trois pouces de hauteur, peint par Jean de Heem.

332. Une Piece de Venaifon en petit de deux pieds trois pouces de largeur, d'un pied onze pouces de hauteur, peinte par Jean Weninx.

333. & 334. Deux Portraits à demi figure de grandeur naturelle, de deux pieds trois pouces de hauteur, d'un pied dix pouces de largeur, peints par Henrico Golzius.

335. & 336. Une Piece de Venaison en grandeur naturelle de trois pieds onze pouces de hauteur, deux pieds dix pouces de largeur, peinte par Weninx.

337. & 338. Deux Païfages enrichis de Figures & Betail, peints par Boud, les Païfages peints par Boudouvinx, de deux pieds de largeur, d'un pied huit pouces de hauteur.

339. & 340. Deux Païfages, peints par Heufmans, de deux pieds cinq pouces de largeur, & deux pied trois pouces de hauteur.

341. La Tête d'un Garçon riant d'un pied trois pouces de hauteur, d'un pied un pouce de largeur, peinte par Hundhorft.

342. La Tête d'un jeune Homme, peinte par Cocciers, d'un pied fix pouces de hauteur, d'un pied trois pouces de largeur.

343. Un Tableau de fix pieds de hauteur, quatre pieds fix pouces de largeur, repréfentant le bon Dieu en Croix entre les deux Larons, au pied de la Croix la Vierge, St. Jean & Ste Marie Magdeleine, peint par Jean Lys.

344. Un jeune Chaffeur à demi figure de grandeur naturelle avec de la Venaifon, de trois pieds fix pouces de hauteur, deux pieds dix pouces de largeur, peint par Schild.

345. & 346. Deux Canards en grandeur naturelle, peints par Schild, de deux pieds dix pouces de hauteur, deux pieds deux pouces de largeur.

347. Un Tableau à Fleurs, Fruits & Infectes, peint par Mignon, de trois pieds cinq pouces de haut, & trois pieds de largeur.

348. Un Portrait d'un Predicant à demi figure de grandeur naturelle, deux pieds neuf pouces de hauteur, deux piéds de largeur, d'un Peintre inconnû.

349. Deux Canards fauvages morts en grandeur naturelle de trois pieds de hauteur, deux pieds fix pouces de largeur, peints par Schild.

350. Deux Oifeaux de Mer en grandeur naturelle de deux pieds huit pouces de hauteur, deux pieds deux pouces de largeur, peint par Schild.

351. Un Coq mort fur bois imité en grandeur naturelle de deux pieds fix pouces de hauteur, deux pieds de largeur, par Schild.

352. Un Portrait d'un jeune Homme à demi figure de grandeur naturelle, de trois pieds trois pouces de hauteur, deux pieds fix pouces de largeur, peint par Reinbrand.

353. Un Tableau repréfentant une Mafcarade de Venife au Caffé, peint par un peintre Venitien moderne, de fix pieds trois pouces de largeur, trois pieds dix pouces de hauteur. 354. Un

354. Un Pot à fleurs en oval de deux pieds neuf pouces de hauteur, deux pieds deux pouces de largeur, peint par Fontenar.

355. & 356. Deux Païfages en figures & animaux de quatre pieds deux pouces de largeur, deux pieds dix pouces de hauteur, peints par Beich.

357. Une Corbeille à raifins brodée en foye, de trois pieds de largeur, deux pieds quatre pouces de hauteur.

358. & 359. Deux Tableaux de quatre pieds de largeur, trois pieds deux pouces de hauteur, repréfentants l'un Jean Baptifte baptifant le bon Dieu, l'autre Jean Baptifte préchant au Defert, peints par un Peintre inconnû.

360. Un Tableau de Perdrix & de Hérons en grandeur naturelle de quatre pieds de hauteur, deux pieds dix pouces de largeur, peint par Fyt.

361. Un Tableau repréfentant le Chrift & des Scribes de trois pieds fix pouces de largeur, deux pieds dix pouces de hauteur, de l'Ecole d'Eltzheimers.

362. Un Tableau de Cuifine pour deffus de porte de cinq pieds deux pouces de largeur, trois pieds quatre pouces de hauteur, peint par Adrian van Utrecht.

363. & 364. Deux Tableaux de trois pieds de largeur, deux pieds deux pouces de hauteur, repréfentants l'un le Commencement de l'Incendie de l'Eglife des Capucins à Bonn, l'autre l'Incendie entiere de la-dite Eglife, peints par Rouffo.

365. & 366. Deux Tableaux de trois pieds de largeur, deux pieds deux pouces de hauteur, repréfentants l'un la Pofition de la premiere Pierre à l'Eglife des Capucins à Bonn, & l'autre l'Introduction des Capucins dans leur Cloitre hors de l'Hôtel de Clement Augufte, peints par Rouffo.

367. & 368. Deux Tableaux de deux pieds cinq pouces de hauteur, d'un pied dix pouces de largeur, repréfentants l'un un Garçon avec une fouriciere, l'autre une fille avec du fruit à demi figure de grandeur naturelle, peints par Piazetta.

369. & 370. Deux Tableaux de deux pieds cinq pouces de hauteur, d'un pied dix pouces de largeur, repréfentants l'un un Garçon, une flûte en main, l'autre une fille une Corbeille en main, à demi figure de grandeur naturelle, peints par Piazetta.

371. & 372. Deux Tableaux de deux pieds cinq pouces de hauteur, d'un pied trois pouces de largeur, repréfentants l'un un Soldat, l'épée à la main, & un Garçon battant le Tambour, l'autre une Femme un chapeau & navêt en main, peints par Piazetta.

373. Un

373. Un Tableau de trois pieds cinq pouces de largeur, deux pieds quatre pouces de hauteur, repréfentant un Roi fur le Throne avec des figures allegoriques, peint par Knupfer.

374. Un Tableau à Figures, Legumes, & Betail de trois pieds dix pouces de largeur, trois pieds de hauteur, peint dans le goût de Teniers.

375. Un Coq de Brüiere en grandeur naturelle, & autre Volaille, trois pieds cinq pouces de largeur, deux pieds neuf pouces de hauteur, peint par Weninx.

376. Cinq Pieces repréfentants les cinq Sens à demi figure de grandeur naturelle de deux pieds fept pouces de hauteur, deux pieds un pouce de largeur, peintes par Morillios.

377. Un Tableau fans Cadre repréfentant un Cerf, deux pieds neuf pouces de largeur, deux pieds deux pouces de hauteur.

378. Un Tableau fans Cadre repréfentant trois Pigeons, & deux Pigeonneaux dans leurs Nids, deux pieds neuf pouces de largeur, deux pieds deux pouces de hauteur, peint par Vermolen.

379. Un Tableau fur un bout de toile imitée, repréfentant deux Oifeaux morts en grandeur naturelle, d'un pied dix pouces de hauteur, d'un pied cinq pouces de largeur, peint par Abraham Mignon.

380. Un Tableau de deux pieds fix pouces de largeur, deux pieds de hauteur, repréfentant un Chat, & deux Filles de là Suâbe, une verge en main, peint d'une main inconnüe.

381. Un Tableau de deux pieds neuf pouces de largeur, deux pieds de hauteur, repréfentant une Nymphe joüant fur un triangle, & un Enfant danfant, peint par Gerard Lairefle.

382. Un Tableau repréfentant trois Becafles en grandeur naturelle de deux pieds de largeur, d'un pied quatre pouces de hauteur, peint par Fyt.

383. Un Tableau repréfentant deux Perdrix & une Huppe, deux pieds de hauteur, un pied fept pouces de largeur, peint par Pierre Schneyers.

384. Un Tableau repréfentant Jacob Luttant avec l'Ange, d'un pied fept pouces de largeur, d'un pied cinq pouces de hauteur, peint par Corneille Polenburg.

385. Une Belette, peinte par Schild, d'un pied fix pouces de largeur, d'un pied deux pouces de hauteur.

386. Des Fleurs en feftons, peintes par Vereltz, deux pieds quatre pouces de largeur, d'un pied fix pouces de hauteur.

387. Un Tableau repréfentant la Tentation de St. Antoine au Defert, d'un pied fept pouces de largeur, d'un pied quatre pouces de hauteur, peint de l'Ecole de Teniers.

388. Un Deffein de Rubens fur une planche, d'un pied de hauteur, d'un pied de largeur.

389. Un Tableau de deux pieds de hauteur, d'un pied fix pouces de largeur, repréfentant le bon Dieu avec fes Dif- ciples appellants les Enfants, peint par Bejez.

390. & 391. Deux Pieces repréfentants des Oifeaux, peints fur planche par Vermœlen, d'un pied trois pouces de lar- geur, d'un pied de hauteur.

392. Quatre Tableaux de quatre pieds fept pouces de lar- geur, trois pieds fix pouces de hauteur, repréfentants la Confecration de S. A. S. E. Clement Augufte de glor. mem., peints par Francifco Imperiali.

393. Quatre Pieces repréfentantes des Vuës des Antiquités de Venife, deux pieds dix pouces de largeur, d'un pied dix pouces de hauteur.

394. & 395. Deux Pieces repréfentantes de la Cavallerie en marche, trois pieds trois pouces de largeur, deux pieds fix pouces de hauteur.

396. & 397. Deux Pieces repréfentantes des Vuës des Anti- quités de Venife, trois pieds trois pouces de largeur, deux pieds fix pouces de hauteur.

398. & 399. Deux Pieces repréfentantes les Vuës de Venife, trois pieds trois pouces de largeur, deux pieds fix pouces de hauteur.

400. & 401. Deux Pieces repréfentantes la Place de St. Marc, & le Pont Rialte de Venife, de trois pieds trois pouces de largeur, deux pieds fix pouces de hauteur.

402. & 403. Deux Pieces repréfentantes, l'une une Vuë de Venife, & un Combat de Torreaux, l'autre un Arc de Triomphe, trois pieds trois pouces de largeur, deux pieds fix pouces de haut.

404. Six Pieces repréfentantes, la premiere la Vuë de la Place de St. Pierre de Rome, la deuxième & troifième celle du Monte Cavallo, la quatrième la Place nommée del Populo, la cinquième la Rotonda, & la fixième la Piazza Navona, de trois pieds fix pouces de largeur, deux pieds fix pouces de hauteur, peintes par Jean della Longara.

405. Huit Pieces repréfentantes des Vuës de Venife, peintes à tempera par un peintre Venitien, d'un pied deux pouces de largeur, dix pouces de hauteur.

406. Dix autres Vuës de Venife, peintes à tempera par un peintre Venitien, d'un pied de largeur, neuf pouces de haut.

407. Deux Vues de Venife, peintes à tempera par un peintre Venitien, d'un pied de largeur, neuf pouces de hauteur.

408. Deux Vues de Rome, peintes à tempera par un Veni- tien, d'un pied de hauteur, onze pouces de largeur.

409. Quatre

409. Quatre Vuës de Venife, peintes à tempera par un Venitien, d'onze pouces de largeur, fept pouces de hauteur.

410. Deux Vuës de Paris, l'une du Pont Neuf, l'autre du Louvre, peintes à tempera, d'un pied fix pouces de largeur, d'un pied un pouce de haut.

411. Deux Vuës de Paris de deux pieds fix pouces de largeur, d'un pied neuf pouces de hauteur, repréfentantes la même chofe.

412. Un Oifeau blanc de mer, peint fur une planche imitée par Schild, de deux pieds dix pouces de hauteur, d'un pied fix pouces de largeur.

413. & 414. Deux Pieces repréfentantes des Cabannes, avec des Figures & du Betail, peintes à tempera par Londoni, d'un pied fix pouces de hauteur, d'un pied quatre pouces de largeur.

415. & 416. Deux Deffeins en couleur, faits par Embfkirch, d'un pied fix pouces de hauteur, d'un pied trois pouces de largeur.

417. & 418. Deux petites Pieces avec des figures, peintes à tempera goût de Watteau, d'un pied un pouce de largeur, onze pouces de hauteur.

419. Douze Pieces avec des Infeêtes en miniature, de dix pouces de largeur, fept pouces de hauteur.

420. Deux petits Païfages avec des legumes, peintes à tempera fur planche imitée de fix pouces de largeur, cinq pouces de hauteur.

421. Deux petits Païfages avec des figures, peintes à tempera de trois pouces de largeur, deux pouces de hauteur.

422. Deux petits Païfages, peints à tempera de trois pouces de largeur, deux pouces de hauteur.

423. Deux Païfages en email de quatre pouces de largeur, trois pouces de hauteur.

424. Un Piece en miniature, repréfentante S. Clement le Pape, à demi figure de cinq pouces de hauteur, trois pouces de largeur.

425. Deux Païfages en miniature avec des Figures & Chevaux de fix pouces de largeur, quatre pouces de hauteur.

426. Une petite Piece en email enrichie des figures de quatre pouces de largeur, trois pouces de hauteur.

427. Une petite Piece repréfentante une Fille de la Suabe de trois pouces de hauteur, deux pouces de largeur.

428. Deux Pieces à Bouquêts d'un pied de hauteur, huit pouces de largeur.

429. Deux Pieces à Bouquêts d'onze pouces de hauteur, huit pouces de largeur.

430. Huit Pieces à Bouquêts de dix pouces de hauteur, huit pouces de largeur. D 431. Huit

431. Huit Pieces à Bouquêts fans Cadres.

432. Quatre Pieces repréfentantes des Pôts à Fleurs.

433. Deux petits Païfages avec des Figures & du Betail, peints en detrempe, de fix pouces de largeur, quatre pouces de hauteur.

434. Deux petits Païfages, peints en detrempe, de fix pouces de largeur, quatre pouces de hauteur.

435. Deux petits Païfages repréfentants l'Eté & l'Hyver, peints en detrempe, de dix pouces de largeur, fept pouces de hauteur.

436. Deux petits Païfages, repréfentants l'un la Mer calme, l'autre un Orage fur Mer, peints en detrempe, de dix pouces de largeur, fept pouces de hauteur.

437. Deux petits Païfages avec des Figures, peints en detrempe, de dix pouces de largeur, fept pouces de hauteur.

438. Deux petits Païfage en detrempe, de dix pouces de largeur, fept pouces de hauteur.

439. Une Piece repréfentante des Coquillages de Mer, d'un pied de hauteur, neuf pouces de largeur.

440. Deux Piece repréfentantes des Oifeaux travaillées en Mofaique.

441. Un Benitier d'Argent, garni de huit petite, & une grand Peinture de Don Julio Clovio.

442. Neuf Pieces repréfentantes des Oifeaux, peints à tempera, d'un pied de hauteur, huit pouces de largeur.

443. Deux Pieces repréfentantes des Oifeaux, peints à tempera, d'un pied de hauteur, huit pouces de largeur.

444. Deux Pieces pareilles, peint à tempera, d'un pied de hauteur, huit pouces de largeur.

445. Deux autres Pieces, peintes à tempera, d'un pied de hauteur, huit pouces de largeur.

446 Une autre Piece à tempera, d'un pied de hauteur, huit pouces de largeur.

447. Deux autres Pieces à tempera, d'un pied de hauteur, huit pouces de largeur.

448. Deux autres Pieces à Bouquêts à tempera, d'un pied de hauteur, huit pieces de largeur.

449. Deux Pieces repréfentantes des Vafes, des Verres à Fleurs, peints à tempera, d'un pied deux pouces de hauteur, onze pouces de largeur.

450. Deux petits Païfages répréfentants l'Hiver, peinte à tempera, neuf pouces de largeur, fept pouces de hauteur.

451. Deux Pieces de Bataïlle, peintes à tempera, neuf pouces de hauteur, huit pouces de largeur.

452. Deux Pieces repréfentantes un Incendie, peint à tempera, de dix pouces de largeur, fept pouces de hauteur.

2

453. Un

453. Une Piece de Bronze dorée à feû, repréfentante la Vierge en fond de lapis lazuli imité, d'un pied deux pouces de hauteur, neuf pouces de largeur.

454. Deux Païfages repréfentants une affemblée de paifans, peints à tempera, de neuf pouces de hauteur, fept pouces de largeur.

455. Deux Pieces repréfentants chaqu'une un Bouquêt, peint a tempera, d'un pied de hauteur, huit pouces de largeur.

456. Deux Pieces repréfentantes des paifans, peintes à tempera, fix pouces de largeur, quatre pouces de hauteur.

457. Une Piece en miniature repréfentante la Vierge d'un pouce de largeur, un pouce & demi de haut.

458. Cinquante deux petis Portraits en Oval, peints en miniature, de deux pouces de largeur, deux pouces & demi de haut.

459. Un Portrait d'une Reine en miniature de trois pouces de hauteur, deux pouces de largeur.

460. Trente quatre Pieces repréfentantes des Bouquêts avec des Infeêtes, peintes à tempera par la fameufe Peinte de Nurnberg, d'un pied de hauteur, huit pouces de largeur.

461. Quatre Pieces à Bouquêts, peints à tempera, d'un pied de hauteur, huit pouces de largeur.

462. Huit Pieces à Bouquêts, peints à tempera, de dix pouces de hauteur, fept pouces & demi de largeur.

463. Six Pieces repréfentantes des Oifeaux, peints à tempera, d'onze pouces da hauteur, huit pouces de largeur.

464. Deux Pieces repréfentantes des Oifeaux, peints à tempera, neuf pouces de hauteur, fept pouces de largeur.

465. Trois Pieces dito à tempera de neuf pouces de hauteur, fept pouces de largeur.

466. Un Ecureuil en miniature de dix pouces de hauteur, fept pouces de largeur.

467. Un Lapin en miniature de dix pouces de hauteur, fept pouces de largeur.

468. Une Piece repréfentante l'Incendi de Troye, enrichie de figures, peintes à tempera, d'un pied de largeur, huit pouces de hauteur.

469. Un Païfage repréfentante le Clair de la Lune, peinte à tempera, d'un pied de largeur, neuf pouces de hauteur.

470. Une Piece en miniature repréfentante une Fortereffe dans l'eau, d'onze pouces de largeur, huit pouces de hauteur.

471. Deux Pieces, repréfentantes l'une l'Eté en Païfage, l'autre l'Hiver, peintes à tempera, de pouces de largeur, fix pouces de hauteur.

472. Deux Pieces repréfentantes la Mer avec des Navires, peints à tempera, de neuf pouces de largeur, fix pouces de hauteur.

473. Douze

473. Douze Pieces repréfentantes les douze mois de l'an enrichis de figures, qui repréfentant l'Hiftoire de l'Evangile,
peints par Hans Boll à tempera, fept pouces de largeur,
cinq pouces de hauteur.

474. Un Païfage avec des figures, peintes à tempera, par
Winckenbom, de fix pouces de hauteur, fix pouces de largeur.

475. Deux Pieces repréfentantes deux Jardins de plaifirs de
l'Electeur de Baviere, peints à tempera, de neuf pouces
de largeur, fix pouces de hauteur.

476. Une Piece repréfentante S. Jean prechant au Defert
enrichie de figures, peintes à tempera, de Winckenbom, de
fept pouces de largeur, cinq pouces de hauteur.

477. Une Piece repréfentante un Village, peinte à tempera
par Winckenbom, de fix pouces de largeur, quatre pouces
de hauteur.

478. Deux Pieces repréfentantes la Chaffe, de la Venaifon,
& des Chiens, peints à tempera, de neuf pouces de largeur, fix pouces de hauteur.

479. Une Piece en miniature repréfentante une Bataille,
peinte par Gentilhomme, de fix pouces de largeur, quatre
pouces & demi de hauteur.

480. Deux Vuës de Venife en miniature de fix pouces de
largeur, quatre pouces de hauteur.

481. Une Vuë de Venife en oval, peinte à tempera, de cinq
pouces de largeur, pouces de hauteur.

482. Quinze Pieces repréfentantes des Vuës, peintes en
miniature, de huit pouces de hauteur, fix pouces de largeur.

483. Un Païfage avec des figures, peintes a tempera par
Tenier, de huit pouces de largeur, fix pouces de hauteur.

484. Une Piece repréfentante Moyfe & fon berceau, peints
à tempera par Richard Oirlay, de huit pouces de largeur,
fix pouces de hauteur.

485. Deux Pieces repréfentantes l'hiftoire de Phaëton, peints
en miniature par Richard Oirley, de huit pouces de hauteur, fix pouces de largeur.

486. Un piece repréfentante Jefus-Chrift avec la Samaritaine, peinte en miniature, de dix pouces de hauteur, huit
pouces de largeur.

487. Une Piece repréfentante la Betfabée au Bain, peinte en
miniature, de huit pouces de hauteur, fept pouces de largeur.

488. Quatre Pieces repréfentantes chacune un'Art en demi
figure, peintes en miniature, de deux pouces de hauteur, fix
pouces de largeur.

489. Deux Pieces, repréfentantes l'une Jefus-Chrift, l'autre
St. Jean Baptifte, peints en miniature, de huit pouces de
hauteur, fix pouces de largeur.

490. Une

490. Une Piece repréfentante fept Portraits de la famille des Princes de Naſſau en figures entieres, peints en miniature par Broichetiers, d'un pied ſix pouces de hauteur, d'un pied deux pouces de largeur.

491. Une Piece repréfentante l'immaculéc Conception de la Vierge & divers Saints, peints en miniature, d'un pied deux pouces de hauteur, neuf pouces de largeur.

492. Une Piece repréfentante l'Annonciation de Florence enrichie de pierreries, faite à Florence, de neuf pouces de hauteur, d'un pied de largeur.

493. Une Piece repréfentante la Suſanne au bain avec les deux Vieillards, peints en miniature par Jean Baptiſte Hœck, de huit pouces de hauteur, ſept pouces de largeur.

494. Une Piece repréfentante Clio changée en tourneſol, peinte en miniature, de neuf pouces de hauteur, ſix pouces de largeur.

495. Une Piece repréfentante Loth avec ſes deux Filles, peintes en miniature par Jean Baptiſte Hœck, de neuf pouces de hauteur, ſix pouces de largeur.

496. Deux Pieces repréfentantes des Batailles, peintes à tempera par Gentilhomme, de trois pouces & demi de largeur, deux pouces & demi de hauteur.

497. Une Piece repréfentante la Vierge avec l'Enfant Jeſus, peint en miniature, quatre pouces de largeur, trois pouces de hauteur.

498. Deux Pieces, repréfentantes l'une la Vierge avec l'Enfant Jeſus, l'autre S. Joſeph avec l'Enfant Jeſus, peints en miniature, de cinq pouces de hauteur, quatre pouces de largeur.

499. Une Piece repréfentante la Sainte Famille, peinte en miniature, de ſix pouces de hauteur, cinq pouces de largeur.

500. Une Pieçe repréfentante la Vierge avec l'Enfant Jeſus, peint en miniature, de ſix pouces de hauteur, cinq pouces de largeur.

501. Une Piece en Ovale repréfentante la Vierge avec l'Enfant Jeſus, peinte en miniature, de ſix pouces de hauteur, cinq pouces de largeur.

502. Une Piece repréfentante un Ecce Homo, peint en miniature, de quatre pouces de hauteur, & trois pouces de largeur.

503. Une Piece repréfentante Sainte Magdelaine, peinte en miniature, de quatre pouces de hauteur, & trois pouces de largeur.

504. Un Piece repréfentante S. Jerôme en miniature de cinq pouces de largeur, & quatre pouces de hauteur.

505. Une Piece repréfentante S. Antoine de Padoue en miniature de cinq pouces de hauteur, & quartre pouces de largeur. 506. Douze

506. Douze Pieces repréſentantes les douze Apôtres, peints en miniature, de trois pouces de hauteur, & deux pouces & demi de largeur.

507. Une Piece repréſentante une Martyre morte, en miniaturé, de cinq pouces & demi de largeur, & quatre pouces de hauteur.

508. La Suſanne avec les deux Vieillards, peints en miniature, quatre pouces de largeur, & trois pouces de hauteur.

509. Une Piece repréſentante la Deſcente de la Croix avec trois figures, peintes en miniature, de huit pouces de hauteur, cinq pouces & demi de largeur.

510. Une Piece repréſentante J. Chriſt donnant les clefs à S. Pierre, peints en miniature, de ſept pouces de hauteur, & cinq pouces de largeur.

511. Une Piece repréſentante J. Chriſt porté au tombeau par des Anges, en miniature, de ſix pouces de hauteur, & cinq pouces de largeur.

512. Une Piece repréſentante le Crucifiement de J. Chriſt enrichi de figures, peint à tempera par Chriſtoph. Schwarz, de neuf pouces de hauteur, & ſept pouces de largeur.

513. Une Piece peinte en paſtel repréſente la Tête d'un Vieillard de huit pouces de hauteur, & ſix pouces de largeur.

514. Une Piece repréſentante S. Antoine de Padoue, peint en couleur griſe, neuf pouces de hauteur, ſept pouces & demi de largeur.

515. Deux Pieces repréſentantes des Filles avec des chapeaux de paille, peints en miniature par Roſalba Carera, de quatre pouces de hauteur, & trois pouces de largeur.

516. Une Piece repréſentante une Fille avec des fleurs, peintes en miniature par Roſalba Carera, de trois pouces de hauteur, & trois pouces de largeur.

517. Deux Pieces repréſentantes deux Portraits, peints en miniature par Roſalba Carera, de trois pouces de hauteur, deux pouces de largeur.

518. Deux Pieces, repréſentantes l'une un Oiſeau noir, l'autre un Hibou, peints par Roſalba Carera en miniature, de trois pouces de hauteur, & deux pouces de largeur.

519. Une Piece repréſentante une Fille avec un Tambourin, peinte en miniature, de deux pouces & demi de hauteur, deux pouces de largeur.

520. Le Portrait d'un Evêque inconnû peint en miniature de ſept pouces de hauteur, cinq pouces & demi de largeur.

521. Une Piece repréſentante Cupidon avec une Fille, peinte en miniature par Kleinſtette, de deux pouces & demi de hauteur, deux pouces & demi de largeur.

522. Cu-

522. Cupidon & Venus, peints en miniature, de trois pouces & demi de hauteur, deux pouces & demi de largeur.

523. Deux Portraits, l'un du Cardinal de Medicis, l'autre du Grand Duc de Tofcane, peints à l'huile, d'un pouce de hauteur, d'un pouce de largeur.

524. Une Piece repréfentante une Fille une cruche en main & un Chien, peints en miniature, de fix pouces de hauteur, quatre pouces de largeur.

525. Un Païfan Suiffe, peint en miniature, de cinq pouces de hauteur, quatre pouces de largeur.

526. Une Piece repréfentante une Veftale avec un Tamis, peinte en miniature, de quatre pouces & demi de largeur, fix pouces de hauteur.

527. Une Piece repréfentante une Femme affife, peinte en miniature, de cinq pouces de hauteur, & quatre pouces de largeur.

528. Une Piece repréfentante Diane & Endimion, peints en miniature, de fix pouces & demi de largeur, cinq pouces de hauteur.

529. Un Portrait d'une Princeffe avec un petit Chien, peint à tempera de dix pouces de hauteur, & fept pouces de largeur.

530. Seize Pieces repréfentantes divers Saints d'une peinture Grecque antique, à tempera de trois pouces de hauteur, deux pouces de largeur.

531. Une Piece repréfentante un Concert de Village, peint par Hemfkerck, de dix pouces de largeur, fept pouces & demi hauteur.

532. Deux Pieces, l'une repréfentante un Chaffeur avec des Chiens, l'autre un Cavalier, peints par van der Bembden, de fix pouces de hauteur, cinq pouces de largeur.

533. Quatre Pieces repréfentantes trois Cerfs, & un Sanglier, peints fur verre, d'un piéd fix pouces de hauteur, d'un pied deux pouces de largeur.

534. Dix Pieces en figures deffinées en couleur rouge d'un pied quatre pouces de hauteur, onze pouces de largeur.

535. Une Piece repréfentante un Chaffe forcée aux environs d'un Chateau du Prince du Heffe Darmftadt, peinte fur verre, d'un pied dix pouces de largeur, d'un pied deux pouces de hauteur.

536. Trois Pieces repréfentantes chaque une converfation, peinte fur verre, d'un pied quatre pouces de largeur, d'un pied de hauteur.

537. Deux Miroirs repréfentants des Oifeaux & des Animaux, d'un pied fix pouces de hauteur, d'un pied un pouce de largeur.

538. Deux

538. Deux Pieces, représentantes l'une un Miroir avec des Oiseaux, l'autre des Figures Chinoises, d'un pied deux pouces de hauteur, onze pouces de largeur.

539. Deux Miroirs représentants de Figures Chinoises d'onze pouces de hauteur, dix pouces de largeur.

540. Deux Miroirs représentants des Fleurs & des Oiseaux de dix pouces de hauteur, huit pouces de largeur.

541. Deux Pieces peintes sur verre, représentantes des Fleurs & des Oiseaux, de dix pouces de hauteur, & huit pouces de largeur.

542. Deux Miroirs, représentants des Figures Chinoises & des Animaux, de dix pouces de hauteur, huit pouces de largeur.

543. Deux Miroirs avec des Figures Chinoises de dix pouces de hauteur, huit pouces de largeur.

544. Deux dito de dix pouces de hauteur, huit pouces de largeur.

545. Deux dito de neuf pouces de hauteur, sept pouces de largeur.

546. Deux dito de huit pouces de hauteur, six pouces de largeur.

547. Deux Pieces représentantes les Plans d'un Campement d'onze pouces de largeur, six pouces de hauteur.

548. Un Dessein d'un Portrait, dont les Cheveux & l'Habillement sont formés en lettres de neuf pouces de largeur, dix pouces de hauteur.

549. Un Païsage avec des Figures, faits à la Plume, d'un pied quatre pouces de largeur, dix pouces de hauteur.

550. Un Païsage avec des Ornements, faits à la Plume, d'un pied deux pouces de largeur, d'un pied de hauteur.

551. Une Vuë dessinée à la Plume en Encre de la Chine d'un pied onze pouces de largeur, d'un pied un pouce de hauteur.

552. Deux Têtes de Cerf, peintes à tempera, d'un pied deux pouces de largeur, onze pouces de hauteur.

553. Une Chasse peinte à l'huile de dix pouces de largeur, huit pouces de hauteur.

554. Un Païsage réprésentant une Tempéte, peinte à tempera de huit pouces de largeur, six pouces de hauteur.

555. La Vierge avec l'Enfant Jesus, faits à la Plume, de huit pouces de hauteur, six pouces de largeur.

556. Un Ecce Homo avec des Juifs, dessinés en couleur rouge par Douwen, de huit pouces de haut., six pouces de largeur.

557. Trois Pieces à Bouquêts sans Cadre.

558. Un Piece à Bouquêt sans Cadre.

559. Une Corbeille avec des Roses & autres Fleurs.

560. Un Piece sur Planche imitée, représentante des Cartes geographiques & autres Papiers, d'un pied quatre pouces de hauteur, d'un pied de largeur.　561. Une

561. Une Piece repréfentante une Plante des Indes avec des infectes d'un pied trois pouces de hauteur, & neuf pouces de largeur.

562. Quatre Paifages deffinés fur papier en encre de la Chine.

563. Quatre Pieces d'Oifeaux deffinées à la plume fur Papier.

564. Douze Pieces repréfentantes des Chaffes forcées de feu S. A. S. E. de gloire memoire, enrichies de figures, peintes fur Carton à tempera, d'onze pouces de largeur, fept pouces de hauteur.

565. Un Plan illuminé de la Ville & Citadelle de Munfter.

Ouvrages en Relief, Travaillées en Ivoire, Bois & Cire.

566. Cinq Pieces artiftement travaillées en Ivoire par Elhoffer enrichies de figures d'environ d'un demi pied de hauteur, dont la premiere repréfente Pharaon noyé dans la mer rouge. La deuziéme Moyfe faifant fortir l'eau hors du Rocher avec fa baguette. La troifiéme la Manne dans le defert. La quatriéme l'Idolatrie du peuple de Dieu. La cinquiéme le Serpent elevé par Moyfe, d'un pied neuf pouces de largeur, neuf pouces de hauteur.

567. Une Piece travaillée en Ivoire repréfentante le Crucifiement du Sauveur enrichie de figures d'un pied deux pouces de largeur, fept pouces de hauteur.

568. Quatre Pieces bien travaillées en Ivoire dont les deux premieres repréfentent la Chaffe du Sanglier. & les deux autres celle du Cerf de neuf pouces de largeur, huit pouces de hauteur.

569. Deux Pieces bien travaillées en Ivoire, repréfentant l'une & l'autre une affemblée de païfans de neuf pouces de largeur, fix pouces de hauteur.

570. Cinq Pieces bien travaillées en Ivoire, repréfentantes l'une & l'autre une affemblée, & danfe des villageois de neuf pouces de largeur, fur fept pouces de hauteur.

571. Deux Pieces artiftement travaillées l'une repréfentante un villageois, l'autre une villageoife à demi figure de fix pouces de hauteur, cinq pouces de largeur.

572. Une Piece artiftement travaillée en Ivoire repréfentante St. Sebaftien en figure entiere de fept pouces de hauteur, quatre pouces de largeur.

573. Une Piece artiftement travaillée en Ivoire, repréfentante St. Antoine de Padoue de fix pouces de hauteur, quatre pouces de largeur.

574. Une Piece bien travaillée en Ivoire, repréfentante le

Sauveur mort dans le giron de la Vierge & deux Anges de six pouces de largeur, quatre pouces de hauteur.

575. Une Piece bien travaillée en Ivoire repréſentante la Vierge avec l'enfant Jeſus & St Jeen.

576. Deux Pieces bien travaillée en Ivoire repréſentantes chacune un Baccanal de cinq pouces de largeur, trois pouces de hauteur.

577. Deux Pieces dito de cinq pouces & demi de largeur, deux pouces & demi de hauteur.

578. Le Portrait de l'Electeur de Mayence François Louis bien travaillé en Ivoire à demi figure de quatre pouces de hauteur, trois pouces de largeur.

579. Deux Pieces bien travaillées en bois repréſentantes de la Cavallerie & autres figures, d'onze pouces de largeur, trois pouces de hauteur.

580. Deux Pieces bien travaillées en bois repréſentantes la marche de Bohemiens en gout de Callot, d'onze pouces de largeur, neuf pouces de hauteur.

581. Deux Pieces bien travaillées en Cire colorée, repréſentantes l'une la tête d'un Vieillard, l'autre celle d'une Vieille de quatre pouces de hauteur, trois pouces de largeur.

582. Un Portrait bien travaillé en Cire colorée, repréſentant un homme en Cuiraſſe à demi figure de ſix pouces de hauteur, cinq pouces de largeur.

583. Six Pieces bien travaillées en Cire colorée, repréſentantes les trois premieres chacune un Enfant, & les trois autres chacune une tête d'une vieille perſonne, de quatre pouces de hauteur, trois pouces de largeur.

584. Deux Pieces travaillées en Cire colorée, repréſentantes l'une le Pape Benoit XIII. & l'autre Clement XII. de quatre pouces de hauteur, trois pouces de largeur.

585. Deux Pieces travaillées en Cire colorée, repréſentantes l'une l'Empereur, l'autre l'Imperatrice Regnants, ſix pouces de hauteur, quatre pouces de largeur.

586. Une Piece bien travaillée en Cire, repréſentante une Bataille de dix pouces de largeur, huit pouces de hauteur.

587. Deux Pieces bien travaillées en Cire repréſentantes l'une la Chaſſe du Cerf, l'autre celle du loup de ſix pouces de hauteur, cinq pouces de largeur.

588. Une Piece travaillée en Cire contenante ſeize petites pieces repréſentantes la Paſſion de Jeſus Chriſt.

589. Quatre Tableaux de dix pieds ſix pouces de largeur, ſix pieds neuf pouces de hauteur, dont le premier repréſente la Chaſſe des Ours, le deuxième la Chaſſe du Sanglier, le troiſiême celle du Chevreüil, & le quatrième des chiens

&

& de la venaison morte avec divers fruits, tous en grandeur
naturelle, peints par Jean Veit.

590. Deux Tableaux de fept pieds six pouces de hauteur,
cinq pieds six pouces de largeur, repréfentants l'un Her-
cule avec Dejanira & le Centaure l'autre le Tems tenant
la Verité & Cupidon, en grandeur naturelle, peints en
goût de Sebaftien Rytzi.

591. Un Tableau de six pieds de hauteur, cinq pieds de
largeur, repréfentant Venus endormie, Adonis venant de
la Chaffe, & les trois graces avec des petits enfants, peints
par Amiconi.

592. Un Tableau de six pieds deux pouces de largeur, quatre pieds un pouce de hauteur, repréfentant diverfes le-
gûmes & un Vieillard vuidant un Chevreüil, en grandeur
naturelle, les figures peintes par Rubens, & la venaifon
& fruits par Schneyers.

593. Un Tableau de cinq pieds huit pouces de largeur, quatre pieds huit pouces de hauteur, repréfentant un oifeau
de Proye avec diverfes volailles en grandeur naturelle, peint
par Melchior de Hondekoeter.

594. Un Tableau de cinq pieds dix pouces de largeur, quatre pieds deux pouces de hauteur, repréfentant St. Barthelemi avec deux Bourreaux, à demi figure de grandeur naturelle, peint par Gerard Hondhorft.

595. Un Tableau de quatre pieds quatre pouces de hauteur,
trois pieds fept pouces de largeur, repréfentant Jefus-
Chrift expofé au Peuple, enrichi des figures, peintes par
Argelder.

596. Un Tableau de quatre pieds neuf pouces de hauteur,
quatre pieds de largeur, repréfentant Moyfe frapant le
Rocher, & autre figures, peintes par Argelder.

597. Un Tableau de quatre pieds de largeur, trois pieds de
hauteur, repréfentant Jefus Chrift appellant les Enfants,
peint par Pierre Entewahl.

598. Un Tableau d'un pied dix pouces de hauteur, d'un
pied cinq pouces de largeur, repréfentant un Garçon
aveugle à demi figure de grandeur naturelle, peint par
Chydone.

599. Un Tableau de deux pieds neuf pouces de largeur,
deux pieds six pouces de hauteur, repréfentant une Ecre-
viffe de mer & divers fruits, peints par David de Heem.

600. Un Tableau de trois pieds neuf pouces de hauteur,
trois pieds trois pouces de largeur, repréfentant un Liévre
mort en grandeur naturelle, & autre Venaifon avec équi-
page de Chaffe, peint par Jean Weninx.

601. Deux Tableaux de deux pieds huit pouces de largeur, deux pieds deux pouces de hauteur, repréfentants des Batailles, peints par J. Huchtenburg.

602. Un Tableau d'onze pouces de hauteur, neuf pouces de largeur, repréfentant un Philofophe taillant fa plume avec des lunettes, peint par Gerard Douw.

603. Deux Tableaux de dix pouces de largeur, huit pouces de hauteur, repréfentant l'un un marché à Poiſſons, l'autre une courfe de traineau, peints par Pierre Bohl.

604. Deux Tableaux d'un pied onze pouces de largeur, deux pieds trois pouces de hauteur, dont l'un repréfente un Portrait d'une Femme en habit noir & collet blanc, l'autre un Homme en même habillement à demi figure de grandeur naturelle, peints par Antoine van Dyck.

605. Deux Tableaux de deux pieds dix pouces de largeur, d'un pied neuf pouces de hauteur, repréfentants en païfages, l'un St. Etienne lapidé, l'autre la Samaritaine, peints par Cornelio Satyro.

606. Un Tableau de quatre pieds trois pouces de hauteur, trois pieds trois pouces de largeur, repréfentant un Portrait d'un Admiral Hollandois, à demi figure de grandeur naturelle, peint par Ant. van Dyck.

607. Deux Pieces de Bataille de deux pieds neuf pouces de hauteur, trois pieds quatre pouces de largeur, peintes par Bourguignon.

608. Un Tableau d'un pied fept pouces de hauteur, d'un pied trois pouces de largeur, repréfentant une tête en grandeur naturelle, peint par Brunfino de Florence.

609. Un Tableau de deux pieds fix pouces de hauteur, deux pieds de largeur, repréfentant de la volaille morte en grandeur naturelle, & des fruits, peints par Verndahl.

610. Un Tableau de quatre pieds fix pouces de largeur, trois pieds cinq pouces de hauteur, repréfentant un Cabinet de Tableaux ou une Academie de Peintures, peint par le Vieux Franck.

611. Un Tableau de quatre pieds trois pouces de hauteur, trois pieds fix pouces de largeur, repréfentant des fleurs & des fruits, peints par Jean Weninx.

612. Un Païfage avec des ruines enrichies de figures, d'un pied trois pouces de largeur, d'onze pouces de hauteur, repréfentant la fuite en Égypte, peinte par Fleun Prögel.

613. Deux Tableaux en oval de fix pouces de hauteur, trois pouces & demi de largeur, repréfentants l'un un Portrait d'un homme, l'autre celui d'une femme, peints par François Mieris.

614.

614. Deux Païfages de deux pieds fix pouces de largeur, deux pieds de hauteur, repréfentants des Vuës du Rhin enrichies de figures & Bateaux, peints par Grieflier.

615. Un Tableau de quatre pieds onze pouces de hauteur, trois pieds onze pouces de largeur, repréfentant le Portrait de la Reine de France Marie de Medicis, à demi figure de grandeur naturelle, peint par van Dyck.

616. Deux Tableaux d'un pied fix pouces de largeur d'un pied deux pouces de hauteur, repréfentants l'un des poiffons & des oifeaux, l'autre un harang, du pain, & autres chofes, peintes par Alex. Andrianfen.

617. Deux Pieces de volaille d'un pieds trois pouces de hauteur, d'un pied un pouce de largeur, peints par Corneille Lilienberg.

618. Deux Tableaux d'un pied fix pouces de hauteur, d'un pied trois pouces de largeur, dont l'un repréfente la tete d'un Vieillard, l'autre celle d'une vieille, peints par Tenner.

619. Un Tableau de deux pieds dix pouces de hauteur, deux pieds trois pouces de largeur, repréfentant un pot à fleurs, avec des fruits & des infectes, peints par Rachel Ruyfcht.

620. Deux Tableaux de deux pieds quatre pouces de hauteur, d'un pied neuf pouces de largeur, repréfentants deux Apôtres à demi figure de grandeur naturelle, peints par Rubens.

621. Un Tableau d'un pied fix pouces de hauteur, d'un pied cinq pouces de largeur, repréfentant le Portrait d'un nommé Clementel auprès de l'Electeur Palatin, avec divers inftruments, peint par van der Schlichten.

622. Un Tableau d'un pied fix pouces de hauteur, d'un pied deux pouces de largeur, repreféntant un Prêtre donnant la Benediction, & autres figures, peintes par Franck.

623. Un Tableau de deux pieds un pouce de hauteur, d'un pied huit pouces de largeur, repréfentant la Vierge avec l'enfant Jefus, peint par Rubens.

624. Un Tableau de deux pieds un pouce de hauteur, d'un pied huit pouces de largeur, repréfentant l'Immaculée Conception de la Vierge avec des Anges, peint par Solimeni.

625. Un Tableau de deux pieds onze pouces de hauteur, deux pieds quatre pouces de largeur, repréfentant le Portrait d'une jeune Dame habillée en Satin bleu & blanc en figure entiere, peinte par Cafpar Netfcher.

626.

626. Une Piece repréfentante des Paifans à demi figure, de huit pouces de largeur, fix pouces de hauteur, peint par Chezer.

627. Un petit Tableau de fix pouces de largeur, cinq pouces de hauteur, repréfentant J. Chrift avec Nicodéme.

628. Un Tableau d'un pied dix pouces de hauteur, d'un pied huit pouces de largeur, repréfentant les nôces de Cana en Gallilée, peint par Brackenburgh en gôut de Myris.

629. Un Tableau d'un pied fix pouces de largeur, d'un pied trois pouces de hauteur, repréfentant un Païfage avec des ruines, peintes par Jean Both.

630. Un Tableau d'un pied fix pouces de largeur, d'un pied un pouce de hauteur, repréfentant des Oifeaux morts & divers fruits, peints par un Peintre inconnû.

631. Deux Tableau d'un pied cinq pouces de largeur, d'un pied de hauteur, repréfentants l'intcrieur d'une Eglife, peint par Pierre Neef, & les figures par Franck.

632. Un Tableau de trois pieds de hauteur, deux pieds cinq pouces de largeur, repréfentant le Roi Manaffes en Prifon à demi figure de grandeur naturelle, peint par Jofeph de Ribera Spangaletto.

633. Deux Portraits d'un Homme & d'une Femme à demi figure de deux pieds deux pouces de hauteur, d'un pied neuf pouces de largeur, peint par Antoine van Dyck.

634. Un Portrait de deux pieds trois pouces de hauteur, d'un pied fept pouces de largeur, repréfentant le Roi d'Angleterre Henri VIII. à demi figure de grandeur naturelle, peint par J. Hohlbein.

635. Un Tableau d'un pied trois pouces de hauteur, d'un pied de largeur, repréfentant la Rebecq au puît une cruche à la main, peint par Barthelemi Breemberg.

636. Un Tableau d'un pied quatre pouces de hauteur d'un pied trois pouces de largeur, repréfentant la tête d'une Vieille coëffée en blanc, peint par Rubens.

637. Un Tableau de deux pieds fix pouces de hauteur, d'un pied onze pouces de largeur, repréfentant une Guirlande avec des infectes, peint par Brügel de Velour.

638. Un Tableau d'un pied fept pouces de hauteur, d'un pied trois pouces de largeur, repréfentant une Vieille en Peliffe, peint par Denner d'Hambourg.

639 Un Tableau d'un pied fept pouces de hauteur, d'un pied trois pouces de largeur, repréfentant la tête d'une jeune Dame avec un bouquêt, peinte en grandeur naturelle par Denner.

640. Un Tableau d'un pied deux pouces de largeur, onze
pouces

pouces de hauteur, repréfentant la femme de Putifar avec le chafte Jofeph, peint par Guill. Myris.

641. Un Tableau d'onze pouces de hauteur, neuf pouces de largeur, repréfentant un Philofophe affis dans fa Chambre avec fes attributs, peint par Reembrand.

642. Un Tableau d'un pied dix pouces de largeur, d'un pied quatre pouces de hauteur, repréfentant St. Laurent martyrisé enrichi de figures, peintes par Knupfer.

643. Un Tableau d'un pied dix pouces de hauteur, d'un pied huit pouces de largeur, repréfentant les trois Mages adorants J. Chrift, peint par Pierre Eickens.

644. Un petit Tableau de huit pouces de hauteur, quatre pouces & demi de largeur, repréfentant la Nativité de Jefus Chrift, peinte par Rottenhamer.

645. Une tête en profil peinte par François Myris, trois pouces de largeur, quatre pouces & demi de hauteur.

646. On Tableau de deux pieds deux pouces de hauteur, d'un pied neuf pouces de largeur, repréfentant une vuë d'Hollande, par Reembrand.

647. Un Tableau de deux pieds deux pouces de hauteur, d'un pied huit pouces de largeur, repréfentant St. Ignaçe en bufte de grandeur naturelle, peint par van Dyck.

648. Un Païfage avec des animaux d'un pied huit pouces de hauteur, d'un pied de largeur, repréfentant St. Marie Magdelaine en figure entiere, peint par Martin Schôn, Maître d'Albrech Dürer.

649. Un Tableau repréfentant St. Sebaftien avec deux Anges en figure entiere d'un pied fix pouces de hauteur, d'un pied de largeur, peint par Amiconi.

650. Un Tableau de huit pouces de hauteur, fix pouces de largeur, repréfentant des Païfans, peints par David Tennier.

651. Deux Tableaux de trois pieds trois pouces de hauteur, deux pieds huit pouces de largeur, repréfentants St. Jerôme & St. Marie Magdelaine à demi figure de grandeur naturelle, peints par Antoine de Rucci.

652. Deux Tableaux de trois pieds deux pouces de largeur, deux pieds fix pouces de hauteur, repréfentants l'un la Tour de Babylone l'autre l'adoration du veau d'or, enrichis de figures, peintes par un Peintre inconnû.

653. Deux Tableaux de deux pieds fix pouces de largeur, d'un pied neuf pouces de hauteur, repréfentants une affemblé de Païfans, peints par Tennier.

654. Un Païfage de deux pieds deux pouces de largeur, d'un pied huit pouces de hauteur, repréfentant la Vierge avec l'enfant

l'enfant Jefus & des Anges, peints par van Avont, & le
Païfage par de Winckenboom.

655. Un Tableau d'un pied dix pouces de largeur, d'un
pied quatre pouces de hauteur, repréfentant un homme
jouant de la Viele fuivi des enfants & autres figures, peintes
par Winckenboom.

656. Un Tableau deux pieds fept pouces de largeur, deux
pieds deux pouces de hauteur, repréfentant un Magicien
perdant fon pouvoir en prefence d'un Roi, avec d'autres
figures, peintes par Reembrand.

657. Un Tableau de deux pieds cinq pouces de largeur,
deux pieds de hauteur, repréfentant le menage d'un villageois, peint par Rickard.

658. Un Tableau de trois pieds trois pouces de hauteur,
trois pieds un pouce de largeur, repréfentant la fainte
Famille à demi figure, de grandeur naturelle, peinte par
François Floris.

659. Un Tableau de trois pieds trois pouces de hauteur,
deux pieds huit pouces de largeur, repréfentant Bacchus
& Ceres à demi figure de grandeur naturelle, peint par
Pellegrini.

660. Un Tableau de trois pieds cinq pouces de largeur,
deux pieds fept pouces de hauteur, repréfentants deux
Portraits ecclefiaftiques à demi figure de grandeur naturelle, peint par Ant. Mor.

661. Un Tableau de deux pieds trois pouces de hauteur,
d'un pied huit pouces de largeur, repréfentant le Portrait
d'un jeune Homme en bufte de grandeur naturelle, peint
par Reembrand.

662. Un Païfage avec des figures & du Betàil de deux
pieds onze pouce de largeur, deux pieds un pouce de hauteur, peint par Soolmacker.

663. Deux Tableaux d'un pied onze pouces de hauteur,
d'un pied fix pouces de largeur, repréfentants l'un Jefu-
Chrift, l'autre la Vierge, en bufte de grandeur naturelle,
peints par Geldorp.

664. Un Tableau d'un pied dix pouces de hauteur, d'un
pied huit pouces de largeur, repréfentant l'enfant Jefus
dans fa gloire, le Globe de la terre en main, peint par
Antoine van Dyck.

665. Deux Païfages avec des figures d'un pied cinq pouces
de largeur, d'un pied deux pouces de hauteur, peints par
Huyfman.

666. Deux Tableaux d'un pieds deux pouces de hauteur, dix
pouces de largeur, repréfentants l'un un Vieillard, l'autre,

I   une

une vieille à demi figure, peint en premier gout de Reembrand.

667. Deux Tableaux de deux pieds dix pouces de hauteur, deux pieds deux pouces de largeur, repréfentants l'un des Perdrix cailles & chiens, l'autre un Liévre mort, peint par Fyt.

668. Un Tableau de dieux pieds cinq pouces de hauteur, deux pieds de largeur, repréfentant le Portrait d'un Vieillard en bufte de grandeur naturelle habillé en noir, peint par Rembrand.

669. Un Tableau de deux pieds deux pouces de hauteur, d'un pied neuf pouces de largeur, repréfentant un jeune Homme Turc à demi figure de grandeur naturelle, peint par Gerard Douw.

670. Deux Tableaux en rondelle d'un pied deux pouces de hauteur, d'un pied deux pouces de largeur, repréfentant, des Bergers avec leurs Troupeaux.

671. Un Païfage d'un pied trois pouces de hauteur, d'onze pouces de largeur, repréfentant S. Jerôme, peint par Corneille Pœlenburg.

672. Un Tableau d'un pied quatre pouces de hauteur, onze pouces de largeur, repréfentant des païfans & Soldats joüants aux Cartes, peints par David Tennier.

673. Un Païfage avec des Bergers & des Bergeres, un pied trois pouces de hauteur, un pied de largeur, peint par Antoine Watto.

674. Un Tableau d'un pied cinq pouces de hauteur, d'un pied deux pouces de largeur, repréfentant un Homme & une Femme affife dans une Chambre, peint dans le premier goût de François Myris.

675. Deux Tableaux d'un pied fix pouces de hauteur, d'un pied un pouce de largeur, repréfentants l'un le Portrait de l'Empereur, l'autre celui de l'Imperatrice Regnants à Cheval, joliment travaillés par Hirfch le Cadet.

676. Un Tableau de deux pieds fix pouces de hauteur, deux pieds deux pouces de largeur, repréfentant le Portrait d'un Vieillard avec un Chapeau rouge, à demi figure de grandeur naturelle, peint par Reembrand.

677. Deux Tableaux de deux pieds quatre pouces de largeur, d'un pied onze pouces de hauteur, repréfentants l'un Cleopatre avallant des perles, l'autre Cleopatre morte, & Marc. Antoine, les deux d'une riche compofition, peints par O. Elliger.

678. Un Tableau de deux pieds huit pouces de hauteur, deux pieds un pouce de largeur, repréfentant un Vieil-

F   lard

lard la bourſe en main voulant ſeduire une jeune fille à
demi figure de grandeur naturelle, peint par van der Myn.

679. Deux Tableaux de deux pieds deux pouces de hauteur, d'un pied huit pouces de largeur repréſentant l'un
le Portrait d'un Homme, l'autre celui d'une Femme, en
buſte de grandeur naturelle, peints par Antoine van Dyck.

680. Un Tableau de deux pieds deux pouces de hauteur,
d'un pied neuf pouces de largeur, repréſentant le Portrait
d'un Vieillard en profile en buſte de grandeur naturelle,
avec un bonét noir, peint par Jean Lievens.

681. Un Tableau de deux pieds deux pouces de hauteur,
d'un pied neuf pouces de largeur, repréſentant un Vieillard en buſte de grandeur naturelle habillé de noir, peint
par Rubens.

682. Un Tableau d'un pied dix pouces de largeur, d'un
pied trois pouces de hauteur, repréſentant Lazare reſuſcité,
peint par Jean Lievens.

683. Un Tableau d'un pied dix pouces de largeur, d'un pied
trois pouces de hauteur, repréſentant le Martyre des In-
nocents, peints par van Bahlen.

684. Un Tableau d'un pied cinq pouces de largeur, d'un
pied un pouce de hauteur, repréſentant une danſe de paï
ſans, peint par Adrian van Oſtade.

685. Un Tableau d'un pied ſix pouces de largeur, d'un
pied deux pouces de hauteur, repréſentant une aſſemblée
de paiſans, peints par Adrian van Oſtade.

686. Un Tableau de dix pouces de hauteur, huit pouces
de largeur, repréſentant le Portrait d'une jeune fille,
peint par Reembrand.

687. Un Tableau d'onze pouces de hauteur, huit pouces
de largeur, repréſentant un jeune Homme en Habit Po-
lonois en figure entiere, peint dans le goût de Reembrand.

688. Un Paiſage d'un pied cinq pouces de largeur, d'un
pied deux pouces de hauteur, repréſentant Jacob Luttant
avec l'Ange, peint par Adam Eltzheimer.

689. Deux petits Tableaux de dix pouces & demi de largeur, huit pouces de hauteur, repréſentants des Paiſages
avec des figures & du Betäil, dont les figures ſont peintes
par Boutt, & les paiſages par Bouduins.

690. Un Tableau d'un pied deux pouces de largeur, d'onze
pouces de hauteur, repréſentant une aſſemblée de paiſans,
& des enfants apprenants un chien à denſer, peint par
Adrian van Oſtade.

691. Un Tableau d'un pied dix pouces de largeur, d'un pied
trois pouces de hauteur, repréſentant un paiſage avec des

Chaſ-

Chaſſeurs & des Chien, le paiſage peint par Finckenboom, les figures par Tennier.

692. Un Tableau d'un pied d'onze pouces de largeur, d'un pied quatre pouces de hauteur, repréſentant le jugement de Mydas, peint par Rottenhahmer.

693. Trois Tableaux repréſentants des vuës, le premier celle du Chatteau de Poppelsdorff, le deuxiéme celle de Bruël, & le troiſiême celle de Godeſberg.

694. Deux Tableaux repréſentants l'un des Bergers avec des Brebis, l'autre des Bergers avec d'autre betail.

695. Deux Tableaux repréſentants de la Cavallerie.

696. Un Tableau repréſentant une grüe morte en grandeur naturelle.

697. Deux Tableaux repréſentants des Campemens.

698. Deux Pieces repréſentantes l'une le Portrait de Bernard Knipperdollinck, l'autre celui de Jean Beuckels de Leyden.

699. Deux Vuës de Rome, *appartiennent au N.* 404.

700. Un Tableau repréſentant un oiſeau d'eau.

701. Deux Tableaux repréſentants des Campemens.

702. Un Tableau repréſentant un Païſage avec trois Oiſeaux.

703. Deux Tableaux repréſentants de la Volaille.

704. Deux Tableaux repréſentants l'un des Coqs & l'autre des Oiſeaux d'eau.

705. Un Tableau repréſentant l'adoration des Mages, peint par P. Pozzi.

706. Un Tableau repréſentant des plantes des Indes avec des fleurs & un ſinge.

707. Un Tableau repréſentant cinq demi figures joüantes de la flute en grandeur naturelle.

708. Un Tableau repréſentant un Loup mort en grandeur naturelle, peint par Schild.

709. Un Tableau repréſentant un Sanglier d'une grandeur extraordinaire.

710. Deux Tableaux repréſentants l'un la Chaſſe du Sanglier, l'autre un Chaſſeur avec des Levriers, peints en ſquiſe.

711. Un Tableau repréſentant la Chaſſe du Renard, peinte en ſquiſe.

712. Un Tableau repréſentant un Chaſſeur avec des chiens, peints en ſquiſe.

713. Un Tableau repréſentant trois grands Chiens, peints en ſquiſe.

714. Deux Tableaux repréſentants l'un la Samaritaine, l'autre J. Chriſt allant à Emaus avec ſes Diſciples.

715. Un Tableau repréſentant un faucon & un Hêron blanc.

LISTE d'une Partie des DIAMANTS provenants de la Succeſſion de Son Alteſſe Seren. Electorale de Cologne de très-glorieuſe Memoire.

1. UN gros Brillant peſant douze Carats & cinq huitieme.
2. Un gros Diamant Roſette jaune peſant trente neuf Grains.
3. Un gros Brillant peſant dix Carats & trois huitieme.
4. Un Brillant peſant huit Carats & ſept huitieme.
5. Deux Brillants en Pendeloques peſants quarante ſix grains & demi.
6. Un Brillant peſant vingt ſix Grains & trois quarts.
7. Un Brillant peſant vingt neuf Grains & demi.
8. Un Brillant peſant treize Grains.
9. Un Brillant jaune peſant quatre Carats & un huitieme.
10. Un dito peſant treize Grains & demi.
11. Un dito peſant dix Grains.
12. Un Brillant jaune peſant trois Carats & ſept ſeixieme.
13. Un Brillant jaune peſant trois Carats & un huitieme.
14. Un Brillant blanc peſant onze Grains & trois quarts.
15. Un dito peſant onze Grains & trois quarts.
16. Un Brillant jaune peſant deux Carats & treize ſeixieme.
17. Un Brillant blanc peſant dix Grains & trent un trente deuxième.
18. Deux Brillants jaunes en Pendeloques peſants ſix Carats.
19. Un Brillant peſant ſix Grains trente un trente deuxieme.
20. Un Brillant jaune peſant deux Carats & un huitieme.
21. Un dito jaune peſant deux Carats, un huitieme.
22. Un dito jaune peſant neuf Grains.
23. Un dito peſant huit Grains.
24. Un dito blanc peſant ſept Grains.
25. Un Brillant jaune peſant ſix Grains & demi.
26. Un Diamant peſant cinq Grains.
27. Deux Cent ſoixante petits Brillants jaunes de diverſes Groſſeurs peſants quarante Carats & un quart.

28. Cent

28. Cent quatre vingt dix fept Brillants de diverfes Groffeurs pefants enfemble vingt quatre Carats.
29. Trois Cent & quatre petits Brillants, pefants enfemble dix neuf Carats & onze feixieme.
30. Soixante quinze Brillants de divers poids, pefant enfemble vingt Carats.
31. Cent quinze Brillants pefants enfemble neuf Carats & quinze feixieme.
32. Cent quatrevingt cinq petits Brillants pefants enfemble deux Carats & treize feixieme.
33. Dix fept Brillants pefants quatre Carats & un huitieme.
34. Cent trente un petits Brillants pefants deux Carats & un trente deuxieme.
35. Quatre vingt deux petits Brillants pefants enfemble fix Grains & demi.
36. Soixante quinze Grenats de Bohême enchafsés.
37. Deux Cent vingt deux petits Saphirs pefants douze Carats & demi.
38. Trente quatre Emeraudes pefantes trois Carats.

LISTE d'une Partie de PORCELLAINE, provenante de la Succeffion de Son Alteffe Sereniffime Electorale de Cologne de très-glorieufe Memoire.

1. UNe Garniture, qui confifte en deux Gobelets & trois vafes de Porcellaine du Japon, de trois pieds & demi de hauteur.
2. Deux Urnes de Porcellaine des Indes d'une grandeur extraordinaire.
3. Une Garniture, qui confifte en deux Gobelets & trois vafes de Porcellaine du Japon, fond blanc fleuragé en bleu & rouge de deux pieds & demi de hauteur.
4. Une pareille Garniture de Porcellaine de la Chine.
5. Une pareille Garniture d'ancienne Porcellaine bleue & blanche.
6. Cinq vafes de Porcellaine des Indes bleue & blanche.
7. Deux vafes ronds de Porcellaine des Indes en fleurs blanches releveës.

8. Trois

8. Trois vafes ronds avec leurs couvercles de Porcellaine des Indes fleuragée en rouge & bleue.

9. Cinq petits vafes d'environ un pied de hauteur de Porcellaine des Indes fleuragée en rouge & bleue.

10. Une Garniture, qui confifte en deux Gobelets & trois vafes de Porcellaine des Indes fleuragée en bleue & rouge de deux pieds de hauteur.

11. Deux grands vafes de Porcellaine du Japon avec leurs couvercles, de deux pieds un quart de hauteur, bleue du roy à fleurs d'or.

12. Trois vafes plus petits de même Porcellaine & couleur.

13. Un vafe de Porcellaine des Indes bleue & blanche d'une grandeur extraordinaire.

14. Deux vafes de Porcellaine des Indes en figures & fleurs relevées d'une beauté achevée.

15, 16, 17, 18. Huit pareils vafes.

19. Un Service de Porcellaine des Indes bleue & blanche, qui confifte en deux terrines, onze plats affortis, trente deux Saladiers de differentes grandeurs, un pot à l'eau & foiffante une affiettes.

20. Un Service de Porcellaine des Indes bleue & blanche, qui confifte en dix plats affortis, cinq Saladiers, un pot à l'eau, une Saliere & cinquante deux Affiettes.

21, & 22. Quatre pots à oille de Porcellaine des Indes avec des anfes & pomeaux d'argent d'Augfbourg pefants trente deux onze.

23. Un Service de Porcellaine des Indes finement emaillée, qui confifte en quinze plats affortis & trente fix Affiettes.

24. Un Baffin à barbe avec fon aiguiere & fa boëtte à favon de Porcellaine du Japon.

25. jufqu'au N. 45. incluf. contiennent, differentes Caffettieres, Thetieres, Sucriers, Vafes, Pots à fleurs, de Porcellaine des Indes and du Japon.

46. Un petit Service trés-fin, qui confifte en une Jatte, une Thetiere, un Pot à lait avec leurs fous-coupes, un Sucrier, une boëtte à thé, fix taffes à Chocolat, & onze taffes à thé avec leurs fous-taffes.

47. Un petit Service bleue & blanc d'une rare beauté & que l'on croit Porcellaine de Saint Cloud confiftant en une Thetiere, un Pot à lait, une Jatte, une boëtte à Thé, un Sucrier avec leurs fous-coupes, fix Taffes à Chocolat fans fous-Taffes, & douze taffes à Thé avec leurs fous taffes.

48. Un petit Service de Porcellaine des Indes bleue du roy. confiftant en une Thetiere, une Caffettiere, onze taffes & leurs fou-taffes.

49. Une

49. Une Thetiere & cinq tafles avec leurs fous tafles de Porcellaine des Indes figuréc.

50. Deux Thetieres & douze taffes avec leurs fous-tafles travaillées à Jour & dorées.

51. Une Thetiere, fix tafles avéc leurs fous-tafles brunes & très-belles.

52. jufqu'au N. 63. incluf. contiennent differentes Thetieres, Caffeticres, Vafes, Jattes de Porcellaine des Indes.

64. Un Service de Porcellaine des Indes bleue emaillé & doré confiftant en quatorze plats affortis, & foiffante trois Affiettes.

65. jufqu'au N. 109. incluf. confiftant en terrines, Plats, Affictes, Taffes, Huiliers, Sucriers, Poivriers, Cruches, Caraffes, Flambeaux & autres pieces de Porcellaine des Indes & du Japon.

110. Deux Fontaines de très-fine Porcellaine des Indes, de trois pieds de hauteur enchafsés du haut du bas en l'éton doré avec leurs confoles dorées & tablettes de marbre blanc, d'une ouvrage très rare.

111. Deux grands vafes de Porcellaine des Indes de deux pieds trois pouces de hauteur avec leurs confoles dorée &, tablettes de marbre blanc.

112. Deux Lions en email des Indes fur des piedefteaux de l'éton doré, aïant en gueule une girandole à trois branches de même l'éton enjolivé des fleurs & feuillage.

113. jufq'à 139. incluf. confiftant en plufieurs petites figures, & en differents animaux de Porcellaine des Indes & du Japon.

140. Deux Lions girandole en grotte avec quantité de fleurs & d'oifeaux de Porcellaine & d'email, aïant chacun un flambeau à trois branches de l'éton doré.

141. Un Service de Porcellaine de Franckenthal qui confifte en une Thetiere, un Pot à lait, un Sucrier, & douze taffes avec leurs fous-taffes.

142. jufqu'au N. 146. incluf. confiftant en dix raffraichiffoirs de Porcellaine de Franckenthal blanche garnie en fleurs & bordée d'or.

147. jufqu'au N. 155. incluf. confiftant en neuf Pots de chambre de Porcellaine de Franckenthal bordée & fleuragée en or.

156. Une Lampe de nuit avec fon Ecuelle à bouillon & autres apartenences de Porcellaine de Hœchft.

157. jufqu'au N. 163. incluf. confiftant en cinq douzaine d'affiettes de Porcellaine de France, & deux boëttes à favon de Porcellaine de Hœchft.

164 Un morceau de Porcellaine de Franckenthal reprefen-

4   tant

tant l'hiftoire de Saint Hubert à genoux devant le Cerf, avec quantité de figures & chiens.

165. & 166. Deux Aiguierres avec leurs plats en email & fleurs naturelles.

167, & 168. Deux boëttes à thé en email & fleurs naturelles.

169. & 170. Douze Affiettes en email & fleurs naturelles.

171. jufqu'au N. 176. Douze flambeaux blanc avec des figures en email & bords dorés.

177, 178, 179. Un Baffin à barbe & trois rafrachiffoirs de Porcellaine des Indes.

180. Une Carpe de Porcellaine des Indes fervant de Fontaine avec fon robinet & les autres agrements de léton doré.

181, 182, & 183. Trois grandes Coquilles de Nacre de Perle.

184 jufqu'à 189. incluf. confift. en petits tableaux de Porcellaine & figures de terre des Indes.

190. jufqu'au N. 194. incluf. Neuf Pots à oille de Porcellaine des Indes orientales & de la Chine.

195. jufqu'au N. 201. incluf. quatorze rafraichiffoirs des differentes fortes de Porcellaine.

202. 203. Quatre Pots à pate de Porcellaine des Indes orientales bleue & blanche.

204. Deux Pots à oille de même Porcellaine.

205. jufqu'au N. 209. incluf. Cinq grands plats de Porcellaine de la chine dorés.

210. jufqu'au N. 213. incluf. Quatre grands plats de Porcellaine des Indes bleue & blanche.

214. jufqu'au N. 221. incluf. Huit differentes Jattes octogones & rondes de Porcellaine du Japon.

222. Un très-beau Service de Porcellaine du Japon avec beaucoup de dorure, qui confifte en deux pots à oille, treize plats affortis & quarante fix Affiettes.

223. & 224. Six grands Saladiers de Porcellaine du Japon.

225. Quatre plats de même Porcellaine.

226. 227, & 228. Six Jattes de même Porcellaine.

229. Un Pot à oille, quinze plats & quatre Affiettes de même Porcellaine.

230. jufqu'au N. 240. incluf. Vingt trois grands plats d'environs vingt pouces de largeur de Porcellaine du Japon, richement dorés & fleuragés en relief.

241, & 242. Quatre Vafes de dix pouces de hauteur de Porcellaine des Indes figurés & fleuragés en or.

243, & 244. Quatre Coquilles verdes de Porcellaine des Indes avec des inféctes de mer.

245, 246, & 247. Trois pieces avec plusieurs figures blanches de Percellaine des Indes.

248, & 249. Deux figures en chair de Porcellaine blanche.

250. Une petite Jette avec un oëuf de pareille Porcellaine.

251. Un Service de Porcellaine de Saxe magnifique richement doré & parfemé des figures & fleures faites au naturel &: d'un gout très-diftingué. Ce Service confifte en fept terrines afforties & quatre pots à oille avec leurs plats, vingt quatre plats affortis, un furtout portant poivrier, Sucrier, Moutardier avec fa cuilliere de vermeil doré, caraffons à l'huile & au vinaigre, deux faucieres, quatre falieres, quatre coquilles pour des fruits aigres & trente trois Affiettes.

252. Un Service de Porcellaine de Saxe tout pareille ?u precedent quant à l'ouvrage & à la richeffe, aïant un furtout avec les mêfme pieçés, fix pots à oille avec leurs plats, vingt quatre autres plats affortis, deux faucieres, quatre falieres, quatre coquilles pour des fruits aigres & trente affiettes.

253. Une Aiguiere avec fon plat de Porcellaine de Vienne richement dorée & peinte au parfait.

254, & 255. Quatre Vafes pour fleurs ou arbriffeaux de Porcellaine de Vienne richement dorées & peints au parfait.

256. Deux petits Rafraichiffoirs de pareille Porcellaine jaune & figures bleues.

257. Une Sous-coupe de Porcellaine de Vienne bleu du roy & blanche, richement dorée & parfaitement peinte avec fa taffe, fous-taffe à chocolat, fucrier à couvercle & pot a lait

258. Un Service de Porcellaine de Vienne bleu du roy & blanche, garnie d'oifeaux & autres embeliffements, richement dorés & bordés d'or aïant un pot à thé, pot à lait, un fucrier, quatre taffes à Chocolat à anfes & leurs fous-taffes.

259. Un Cabaret verd & rouge vernis de martin portait une taffe à Chocolat de Porcellaine de Vienne blanche & jaune avec des figures bleues.

260. Deux pots à oile bleue, blanche & rouge, bien dore & d'un gout particulier.

261. Douze affiettes & une Ecuëlle à Bouillon à bords ci res & très-belles.

262. jufqu'au N. 265. incluf. Quatre pots de chambie, garnis des fleurs & feuillagé faires au naturel.

266. Deux petites affiettes de nacre de perles, richement garnies en dehors & en dedans de perles & d'autres pierres

267. Un grand Vafe de Porcellaine de Saxe de vingt deux pouces de hauter, peint au parfait.

268. Trois grands Vafes de Porcellaine de Saxe de vingt un pouces de hauteur avec les bords dorés & pients d'une grande delicateffe.   .G   269

269. Trois Vafes de Porcellaine de Saxe de quinze pouces de hauteur avec les bords dorés & peints avec delicateffe.

270. Un Vafe de Porcellaine de Saxe dans le gout des précedents.

271. Trois Vafes de Porcellaine de Saxe de feize pouces de hauteur dans le gout des précedents.

272. Un Vafe de Porcellaine de Saxe de quinze pouces de hauteur avec quantité de figures & fleurs relevées peintes au naturel.

273. Quatre Vafes de Porcellaine de Saxe de trieze pouces de hauteur, reprefentants les quatre faifons avec beaucoup des figures & fleurs relevées peints au naturel.

274. Cinq Vafes de Porcellaine de Saxe blanche à bords dorés de huit pouces de hauteur avec des figures & fleurs relevées peints au naturel.

275. Cinq Vafes de Porcellaine de Saxe richement dorés, avec des coquilles bleues & quantité d'autres fleurs relevées & peints au naturel.

276. Un petit Service de Porcellaine de Saxe, d'une dorure très-riche, avec des figures & fleurs peintes dans la derniere perfeđion, confiftant en un fous-coupe quarrée, Caffétiere, pot à lait, fucrier, Jatte, boëtte à Caffée, douze taffes à Caffée, fix taffes à Chocolat avec leurs fous-taffes.

277. Un Service de Porcellaine de Saxe dans le gout du precédent, confiftant en un thétiere, un pot à lait, un pot à fucre & fa taffe, une Jatte, une boëtte à thé, douze taffes à thé, fix taffes à Chocolat avec leurs fous-taffes.

278. Un Service de Porcellaine de Saxe jaune & blanche fleuragé, confiftant en une thétiere, un grand pot à lait, une boëtte à thé, un fucrier, une Jatte, quatre taffes & leurs fous-taffes.

279. Un Service de Porcellaine de Saxe verde & blanche fleuragée, confiftant en une thétiere, un pot à lait, une boëtte à thé, un fucrier, une Jatte, quatre taffes & leurs fous-taffes.

280. Un Service de Porcellaine de Saxe en barque gris de fouris & blanche fleuragée, confiftant en une thétiere, un pot à lait, une Jatte, un fucrier, une boëtte à thé, quatre taffes & leurs fous-taffes avec une fous-coupe affortie.

281. Un Service de Porcellaine de Saxe gris de lin fleuragé, confiftant en une thétiere, un pot à lait, une Jatte, un fucrier, une boëtte à thé, fix taffes & leurs fous-taffes.

282. Un Service de Porcellaine de Saxe oɗogone jaune & blanche fleuragée confiftant en une thétiere, un pot à lait, une Jatte, un fucrier, une boëtte à thé, fix taffes & leurs fous-taffes.

283. Un Service de Porcellaine de Saxe blanche fleuragée en or & autres couleurs, confiftant en un thétiere, un pot à lait, une Jatte, une boëtte à thé, un fucrier, fix taffes & leurs fou-taffes avec un fous-coupe affortie. 264.

284, 285, 286. Dix huit taffes & leurs fous-taffes de Porcellaine de Saxe blanche & fleuragée à branches.

287. Un Service de Porcellaine de Saxe blanche dorée & fleuragée en rouge, confiftant en une Caffétiere, un pot à lait, une Jatte, un fucrier, douze taffes a Caffé, fix taffes à Chocolat à anfes avec leurs fous-taffes.

288. Un Service de Porcellaine de Saxe pareille au precedent, confiftant en une thétiere & fa fous-çoupe, un pot à lait, une Jatte, un fucrier, une boëtte à thé, douze taffes à anfes & leurs fous-taffes.

289. Un Service de Porcellaine de Vienne à fleurs & fruits relevés & richement dorés, confiftant en une Caffétiere, une thétiere, un fucrier, une taffe & fa fous-taffe.

290. Une grande Jatte de Porcellaine de Saxe blanche, richement dorée & parfaitement peinte, avec fon fucrier, fa taffe & fa fous-taffe pareille.

291. Une taffe & fous-taffe de Porcellaine de Vienne richement dorée & figurée.

292. Une Sonette avec fa fous-coupe de Porcellaine de Saxe, richement dorée & peinte avec grande delicateffe.

293, 294, 295. Trois Bourgeoirs de Porcellaine de Saxe, garnis des fleurs & d'un feuillage, qui fert de manche.

296. Un grand Gobelet avec fon affiette & couvercle de Porcellaine de Saxe richement doré & peint avec delicateffe.

297. Un Gobelet auffi riche, mais plus petit que le precedent de même Porcellaine.

298. jufqu'au N. 303. incluf. Differentes Vafes de Porcellaine de Saxe fleuragés & dorés avec grand gout.

304. jufqu'à 338. incluf. Differentes fortes d'oifeaux, nids d'oifeaux, coqs, poules, pigeons, en differentes attitudes, & differement perchés.

339. jufqu'à 344. incluf. Differentes petites figures de Porcellaine de Saxe de toute beauté.

345. Un Cerf blanc de Porcellaine de Saxe avec fon bois de la hauteur de neuf pouces & demi.

346. Une Ecuëlle à bouillon ovale avec fon plat de dix pouces & demi de longueur fur huit & demi de largeur, Porcellaine de Saxe blanche en fleurs relevées.

347. Une autre Ecuëlle ronde avec fon plat de Porcellaine de Saxe, garnis de coquilles & fleurs relevées.

348. Une pareille Ecuëlle.

349. Cinq Figures reprefentantes les cinq fens de l'homme, de Porcellaine de Saxe fur des piédeftaux de bois doré.

350. jufqu'à 355. incluf. Six nids de ferins de Porcellaine de Saxe, travaillés avec une très-grande delicateffe.

356. Deux Serins perchés fur le tronc d'un arbre de la hauteur de quatre pouces.

357. jufqu'à 364. incluf. Huit coqs & poules en differentes politions & grandeurs.

365, 366, & 367. Six oifeaux de Porcellaine de Saxe.

368, 369, & 370. Un bouc & deux chats de Porcellaine de Saxe.

371. jufqu'à 379. incluf. Des peroquets, piverts, merles & autres oifeaux de Porcellaine de Saxe perchés fur des troncs d'arbres de fept jufqu'à dix pouces de hauteur.

380. Un grand Coq pindart fur des feuillages de quinze pouces de hauteur de même Porcellaine.

381. Un grand Pigeon blanc & noir de même Porcellaine de huit pouces & demi de hauteur fur dix de longueur.

382. Un grand Pigeon au nid de même couleur & Porcellaine de fix pouces de hauteur fur onze de longueur.

383. jufqu'à 392. incluf. Dix oifeaux de proie perchés fur differents troncs d'arbres de Porcellaine de Saxe, de quinze pouces de hauteur, les arbres font garnis de nids, de petits oifeaux, de feuillages & d'infectes relevées & faites au naturel, les oifeaux de proie dechirent les uns des alouettes, les autres des fouris.

393, 394. Deux oifeaux verds avec les ailès bleuës perchés fur des arbres de Porcell. de Saxe, garnis comme les precedents.

395. jufqu'à 398. Quatre pies perchées fur des arbres de Porcellaine de Saxe de dix neuf pouces de hauteur, & garnis comme les precedents.

399. à 401. Quatre chiens de diff. grandeurs de Porcell. Saxe.

402. Un Timballier à cheval pofé fur un piédeftal doré, les timballes fervant d'efcritoir, l'une portant un encrier, l'autre un fablier d'or.

403, 404. Deux Chevaux blanc conduit par deux négres de Porcellaine de Saxe, de la hauteur de huit pouces & demi fur huit de longueur.

405. jufqu'à 432, incluf. Differentes figures avec plufieurs fortes d'agremens de Porcellaine de Saxe, de quatre jufqu'à quatorze pouces de hauteur.

433. jufqu'à 436. Quatre Plats garnis de fleurs &, fruit relevés & peints au naturel de Porcellaine de Saxe.

437. Une piéce de Porcellaine de Saxe, reprefentant Diane dans fon char tirée par quatre chevaux ailès, de douze pouces de hauteur fur vingt cinq de longueur.

438. Une piéce de même Porcellaine, reprefentant Neptune & fa Coquille tirée par quatre chevaux marins de douze pouces de hauteur fur vingt fix de longueur.

439. Quatre figures de Porcellaine de Saxe de neuf pouces de hauteur, reprefentant le quatre parties du monde avec differentes figures & animaux de leurs attributs, & garnies de feuillage & d'arbriffeaux.

440. Quatre figures de même Porcellaine & hauteur, repréfentant

fentant le quatre Elements ornées & travaillées dans le gout des precédentes.

441. & 442. Deux oifeaux verds perchés fur des arbres garnis de plufieurs feuillages & fleurs de Porcellaine de Saxe, de la hauteur de dix neuf pouces, le piédeftaux font de l'eton doré de dix pouces de largeur & portant des flambeaux à trois branches de même metal.

443. Un pot pourris vernis des Indes, garnis de deux figures & quantité de fleurs & feuillages de Porcellaine de feize pouces de hauteur fur onze de largeur.

444. jufqu'à 447. incluf. Quatre figures de Porcellaine de Saxe, d'onze pouces & demi de hauteur fur fept de largeur, repréfentant Diogéne avec fa lanterne affis fur un tonneau garnis de differentes fleurs & feuillage, & portant chaque un flambeau à trois branches.

448. Un pot pourri de dix pouces de hauteur fur huit de largeur, le pot de Porcellaine des Indes, les oifeaux qui le garniffent, de Porcellaine de Saxe, & les branches, feuillage & le pied de l'éton doré.

449, 450. Deux pots pourris avec des animaux, figures & feuillages de Porcellaine de Saxe, d'onze pouces de hauteur fur fix de largeur, les piedeftaux de l'éton doré, portant deux flambeaux à trois branches.

451. jufqu'à 458. Huit branches d'arbres portants de flambeaux d'onze pouces de hauteur, garnis des figures, feuillage & fruits de Porcellaine de Saxe.

459, 460, & 461. Trois pots avec des bouquets de fleurs & feuillage de Porcellaine de Saxe richement dorés, de treize jufqu'à vingt deux pouces de hauteur.

462. Deux flambeaux de Porcell. de Saxe de fix pouc. de haut.

463. jufqu'à 473. Onze Tableaux de Porcellaine de Saxe avec figures, fruits, animaux & païfages de neuf jufqu'à douze pouces de grandeur.

474. Un petit Autel d'ambre de huit pouces & demi de hauteur fur fept & demi de largeur.

475. Un Crucifix d'ambre de dix huit pouc. de haut. avec des fig. & deux chandeliers de huit pouces & demi de haut.

476. Une niche noire incruftée d'Ivoire avec un Crucifix, la Vierge, St. Jean & la Magdel. de dix huit pouces de haut.

477. Un Coffret de bois des Indes, garni avec l'éton & lifieres dorées avec quantité de pierrerie infectes, & feuillage de huit pouces de hauteur fur onze de largeur.

478. Un Coffret de Cryftal, très-précieux enchaffé en argent, avec quantité des turquoifes & autres pierreries.

479. à 482. Quatre Cabinets ou coffrets differents très-bien travaillés & incruftés.

483. Un Dammier de Nacre de perle & decail avec les dammes & les déz affortis. 484.

484. Un Coco enchaffé en filigrame.

485. Un Coffret de vieux laq incrufté de fleurs d'or & de Nacre de perle.

486. Un Coffret de vieux laq de douze pouces de hauteur fur feize & demi de longueur, aïant des menottes & des coins garnis en argent, ce coffret contient une petite pharmacie, qui feroit trop longue à detailler, mais donc le gout & l'ouvrage eft très-rare.

487. Un Cabinet de Spaa à differents tiroirs.

488, 489. Quatre figures d'Ivoire habillées en bois des Indes, au pied d'un arbre portant feuilles & fruits.

490. Une Pieçe repréfentant deux femmes en colére, un foyer, un enfant, & autres agrements en Ivoire garnis de bois des Indes.

491. Un morceau repréfentant le jugement de Salomon affis fur un throne de quarante trois pouces de hauteur, environné d'onze figures de differente hauteur avec des autres embelliffemens en Ivoire & bois des Indes.

492. jufqu'à 497. Differentes petites pieçes detachées de Porcellaine de Saxe.

498. jufqu'à 503. Differentes étuits avec de gobelets & caraffons de Cryftal cifclés & bordé d'or.

504. Deux bras à trois branches de l'éton doré garnis de fleurs & feuillagés de Porcellaine.

505. Cinq vafes de Porcellaine des Indes bleue & blanche.

506. Un grand plat de cuivre vernis.

507. jufqu'à 511. Cinq Coffrets de vieux laq de differentes grandeurs.

512, 513, 514. Trois Cabinets de vieux laq.

515. Une Caffete de Cryftal garnis de fleurs de veres.

516. Une Caffette de vermeil avec quantité d'antiques & autres pierreries garnis de toute forte de fleurs en email.

517. Un Crucifix d'ambre.

518. Une grande taffe à caffé avec la fous-taffe de Porcellaine des Indes, dont la cuillere, le bord & les ornements font d'or maffif.

***

LISTE d'une Partie des HORLOGES, provenant de la Succeffion de Son Alteffe Seren. Electorale de Cologne de très-glorieufe Memoire.

1. UNE grande Horloge de la hauteur de huit pieds fix pouces, y compris le piédeftal, fur trois pieds fept pouces de largeur, aïant un Çarillon de fix airs differents;

cette

cette Pieçe artiftement travaillée & ornèe de bronze doré repréfente une Chaffe du Cerf, avec un Négre de trois pieds trois pouces de hauteur, de bronze doré enrichi de pierreries, tournant la tête à droite & à gauche, portant d'une main un Parafol qui fert de timbre, de l'autre tenant une pippe à la bouche, de la quelle il fonne les heures & les quarts, faite par Knauft à Darmftadt.

2. Une pareille Horloge du même Maitre & de même ouvrage, qui repréfente une Chaffe de Canards, aïant au lieu d'un Carillon un Serin qui chante au naturel differents airs, une Négreffe portant d'une main un Parafol qui fert de timbre, & de l'autre un peroquet qui fonne les heures & les quarts.

3. Une grande Horloge fur un piédeftal garni en argent de la hauteur de quatre pieds trois pouces, aïant un Carillon de cinq airs differents, cette Horloge marque les mois & les jours, dans le milieu eft le portrait de Son A. S. E. Clement Augufte, de glorieufe Memoire, d'un côté Saturne & le temps aïant en main un petite montre, qui fe remonte par le reffort de la grande, de l'autre côtè fe voit la Clemence, derriere la quelle un Enfant à genoux au pied du Portrait lui préfente fur un couffin le Bonnet Electoral, derriere le Portrait on voit l'Efperance, l'amour & la Juftice, au deffus du Portrait la renomée la trompette en main avec d'autres figures, qui foutiennent une Couronne de Lauriers, toutes les figures, excepté le Portrait, paroiffent & difparoiffent alternativement tous les quarts d'heure, faite par Knauft à Darmftadt.

4. Une grande Horloge de Table garnie d'argent, aïant un Carillon de fix airs differents ; cette Horloge repréfente aux moïens de fes refforts la Chaffe forcée au naturel, faite par Knauft à Darmftadt.

5. Une pareille Horloge du même Maître, qui repréfente au naturel la Chaffe du Héron.

6. Une Horloge de Table de trois pieds fix pouces de hauteur, aïant un Carillon qui fonne tous les quarts d'heure, le piédeftal eft garni de bronze doré. Faite par André Lechner à Munich.

7. Une Horloge à répétition du même Maître, d'un pied & demi de hauteur avec des ornements & figures en bronze doré.

8. Une montre de voïage à répétition en Caiffe de bronze doré & cadran d'email, du même Maître.

9. Une Horloge, dont la Caiffe eft très bien travaillée & ornèe de bronze doré, aïant un Carillon qui fonne les heures & demi heures, on y voit en outre le Roi David joüant de la harpe. Faite par Jean George Wagener à Waffenburg. 10.

10. Une Horloge dont la Caiſſe eſt très bien travaillée & garnie de bronze doré, aïant un Carillon qui ſonne les heures & demi heures, on y voit les mois, les jours de la ſemaine, le cours de la Lune & un Pantalon en mouvement.

11. Une petite Montre de voïage à répétition.

12. Une Horloge en Caiſſe ſur un piédeſtal de Porcellaine de trois pieds dix pouces de hauteur, faite par Samuel Quoſig à Wangen.

13. Une petite Horloge d'Angleterre d'un pied ſix pouces de hauteur, dont la Caiſſe eſt richement dorée & travaillée en bronze doré, aïant au dos un miroir, & un écritoire dans le piédeſtal.

14. Un Cerf de bois dont la tête ſert de mouvement à la montre d'Angleterre qu'il a dans la poitrine. Faite par J. Ourry à Paris.

15. Une Horloge d'Angleterre de deux pieds deux pouces de hauteur en caiſſe noire ſurmontée d'un Lion, aïant un Carillon, qui ſonne à chaque heure.

16. Une Horloge d'Angleterre avec cadran emaillé en Caiſſe noire garnie de bronze doré, de deux pieds ſix pouces de hauteur, aïant un Carillon à ſix airs, marquant le jour du mois & le cours de la Lune.

17. Une Montre ronde de Paris d'un pied dix pouces de hauteur, avec un cadran d'email, de Coquillages & fleurs emaillées, ſur un piédeſtal bien travaillé & garni de bronze doré.

18. Une Horloge ſonant l'heure & la demi en Caiſſe de trois pieds ſix pouces de hauteur, ornée des figures en bronze doré, faite par Champion de Paris.

19. Une Horloge ſonant l'heure & la demi en Caiſſe travaillée, faite par Gille l'ainé.

20. Une grande Pendule en Caiſſe brune travaillée aïant un Carillon de vingt quatre airs differents, qui ſonne l'heure & la demi, marque le cours de la Lune, les mois, le jour du mois, & de la ſemaine.

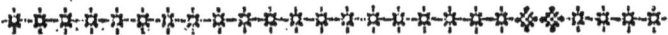

❧❧❧❧❧❧❧❧❧❧❧❧❧❧❧❧❧❧❧❧❧❧❧❧❧❧❧❧

1. Une grande Table de marbre de compoſition entaillée de Cartes Geographiques & autres papiers.

2. Deux Tables d'un ouvrage ſemblable.

3. Deux Tables encore pareilles.

4. Un Damier de bois noir travaillé en Ivoire.

LA FIN